Histoires Courtes en Espagnol

Apprendre l'Espagnol facilement en lisant des histoires courtes

María Morales

Contenu

Introduction

Lire dans une langue étrangère est l'un des moyens les plus efficaces d'améliorer ses compétences linguistiques et d'enrichir son vocabulaire. Cependant, il est parfois difficile de trouver des supports de lecture attrayants, d'un niveau approprié, qui procurent un sentiment de réussite et de progrès. La plupart des livres et articles écrits pour des locuteurs natifs peuvent être trop longs et difficiles à comprendre ou contenir un vocabulaire de très haut niveau, de sorte que vous vous sentez dépassé et abandonnez. Si ces problèmes vous sont familiers, alors ce livre est pour vous !

Histoires Courtes en Espagnol est une collection de 25 histoires courtes non conventionnelles et divertissantes qui sont conçues pour aider les apprenants de niveau débutant à intermédiaire Espagnol à améliorer leurs compétences linguistiques.

Ces histoires courtes créent un environnement propice à la lecture en incluant ;

- Un contenu linguistique riche dans différents genres pour vous divertir et vous exposer à une variété de formes de mots.
- Des histoires plus courtes en chapitres pour vous donner la satisfaction de terminer des histoires et de progresser rapidement.
- Des textes écrits à votre niveau afin qu'ils soient plus facilement compréhensibles et ne vous dépassent pas.
- Traduction française sur des pages alternées afin que vous puissiez vous y référer directement ligne par ligne tout en lisant l'histoire Espagnol.
- Le vocabulaire clé est imprimé en gras tout au long

de l'histoire et de la traduction pour vous aider à comprendre plus facilement les mots qui ne vous sont pas familiers.

- Des questions de compréhension pour tester votre compréhension des événements clés et vous encourager à lire plus en détail.

Que vous souhaitiez enrichir votre vocabulaire, améliorer votre compréhension ou simplement lire pour le plaisir, ce livre est le plus grand pas en avant que vous ferez dans vos études cette année. Histoires Courtes en Espagnol vous apportera tout le soutien dont vous avez besoin, alors asseyez-vous, détendez-vous et laissez libre cours à votre imagination en vous laissant transporter dans un monde magique d'aventures, de mystères et d'intrigues - en Espagnol!

Comment utiliser ce livre

La lecture est un talent difficile à maîtriser. Nous utilisons toute une série de micro-compétences pour nous aider à lire dans notre langue maternelle. Par exemple, nous pouvons parcourir un passage pour en comprendre le sens, ou l'essentiel. Nous pouvons aussi passer au peigne fin les nombreuses pages d'un horaire de train à la recherche d'une heure ou d'un lieu précis. Si ces micro-compétences sont une seconde nature lorsque nous lisons dans notre langue maternelle, les recherches révèlent que nous en oublions souvent la plupart lorsque nous lisons dans une langue étrangère. Lorsque nous apprenons une langue étrangère, nous commençons généralement par le début d'un texte et le parcourons en essayant de comprendre chaque mot. Inévitablement, nous rencontrons des termes peu familiers ou complexes et nous sommes gênés par notre incapacité à les comprendre.

L'un des principaux avantages de la lecture dans une langue étrangère est que vous êtes exposé à un grand nombre de phrases et d'expressions utilisées dans des situations quotidiennes. La lecture extensive est un terme utilisé pour décrire la lecture pour le plaisir dans le but d'apprendre une langue. En d'autres termes, la lecture approfondie de manuels scolaires aide généralement à l'apprentissage des règles de grammaire et d'un vocabulaire particulier, mais la lecture extensive d'histoires aide à l'apprentissage du langage naturel.

Histoires Courtes en Espagnol vous donnera l'occasion d'en apprendre davantage sur la langue naturelle Espagnol en usage, même si vous avez peut-être commencé votre voyage d'apprentissage des langues uniquement avec des manuels. Voici quelques conseils à garder à l'esprit lorsque vous lirez les histoires de ce livre pour en tirer le meilleur parti : Lorsqu'il s'agit de lire, le plaisir et le sentiment d'accomplissement sont essentiels. Vous en redemandez parce que vous aimez ce que vous lisez. Lire chaque histoire du début à la fin est la meilleure méthode pour prendre plaisir à lire des histoires et se sentir accompli. Par conséquent, la chose la plus cruciale est d'arriver à la fin d'une histoire. C'est en fait plus important que de connaître chaque mot.

Plus vous lisez, plus vous acquerrez de connaissances. Vous aurez rapidement une connaissance du fonctionnement de la Espagnol si vous lisez de gros livres pour le plaisir. Cependant, gardez à l'esprit que pour tirer tous les bénéfices d'une lecture extensive, vous devez d'abord lire un volume suffisamment important. Lire quelques pages ici et là peut vous apprendre quelques nouveaux mots, mais cela ne fera pas une différence significative dans votre niveau global de Espagnol.

Acceptez le fait que vous ne comprendrez pas tout ce que vous lisez dans un roman. C'est, sans aucun doute, le point le plus crucial ! N'oubliez jamais que le fait de ne pas comprendre tous les mots ou toutes les phrases est tout à fait acceptable. Cela ne signifie pas que vos compétences linguistiques sont insuffisantes ou que vos résultats sont médiocres. Cela indique que vous participez activement au processus d'apprentissage.

Guide de lecture

Afin de tirer le meilleur parti de la lecture d'Histoires Courtes en Espagnol, il est préférable que vous suiviez ce processus de lecture simple en six étapes pour chaque chapitre des histoires :

1. Lisez le titre du chapitre. Réfléchissez à ce que pourrait être le sujet de l'histoire. Puis lisez l'histoire jusqu'au bout. Votre objectif est simplement d'atteindre la fin de l'histoire. Par conséquent, ne vous arrêtez pas pour chercher des mots et ne vous inquiétez pas s'il y a des choses que vous ne comprenez pas. Essayez simplement de suivre l'intrigue.

2. Lorsque vous arrivez à la fin de l'histoire, parcourez la traduction française pour voir si vous avez compris ce qui s'est passé et reprenez tout contexte qui vous aurait échappé.

3. Revenez en arrière et relisez la même histoire. Si vous le souhaitez, vous pouvez vous concentrer davantage sur les détails de l'histoire qu'auparavant, mais sinon, lisez-la simplement une fois de plus.

4. Ensuite, répondez aux questions de compréhension en Espagnol pour vérifier votre compréhension des événements clés de l'histoire. Si vous ne comprenez pas entièrement les questions, ne vous inquiétez pas. Utilisez vos connaissances pour répondre du mieux que vous pouvez.

5. A ce stade, vous devriez avoir une certaine compréhension des principaux événements du chapitre. Si ce n'est pas le cas, vous pouvez relire le chapitre

plusieurs fois en utilisant la traduction pour vérifier les mots et les phrases inconnus jusqu'à ce que vous vous sentiez en confiance.

Une fois que vous êtes prêt et sûr d'avoir compris ce qui s'est passé - que ce soit après une ou plusieurs lectures de l'histoire - passez à l'histoire suivante et continuez à apprécier l'histoire à votre propre rythme, comme vous le feriez pour n'importe quel autre livre.

Ce n'est qu'une fois que vous avez terminé une histoire dans son intégralité que vous pouvez envisager de revenir en arrière et d'étudier le langage de l'histoire plus en profondeur si vous le souhaitez. Au lieu de vous inquiéter de tout comprendre, prenez le temps de vous concentrer sur ce que vous avez compris et de vous féliciter pour tout ce que vous avez fait.

Histoires Courtes
en Espagnol

María Morales

Fiesta de la Tomatina

La Fiesta de la Tomatina es un acontecimiento único que tiene lugar en la pequeña ciudad de Buol, España. Cada año, el último miércoles de agosto, los lugareños y los **visitantes** se reúnen para **participar** en lo que se conoce como la mayor pelea de comida del mundo. Durante una hora, los participantes se lanzan **tomates** hasta que las calles quedan inundadas de pulpa roja y zumo. Es una experiencia emocionante que todo el mundo debería probar al menos una vez. Siempre había querido vivir la Fiesta de la Tomatina, y por fin tuve la oportunidad el año pasado. Al principio estaba un poco nerviosa, sin saber qué esperar. Pero en cuanto los tomates empezaron a volar, todos mis temores se desvanecieron. Fue muy divertido. Nunca me había **reído tanto en** mi vida. Y quedar cubierto de pies a cabeza de jugo de tomate es extrañamente satisfactorio. Si buscas una experiencia realmente única y memorable, ¡pon el Festival de la Tomatina en tu lista de deseos! Después de una hora de lanzar tomates sin parar, las calles eran un desastre resbaladizo. Era difícil caminar sin resbalar, y aún más difícil ver **a través de** todo el jugo rojo que ahora corría por mi cara.

Festival La Tomatina

Le festival La Tomatina est un événement unique qui se déroule dans la petite ville de Buol, en Espagne. Chaque année, le dernier mercredi d'août, les habitants et les **visiteurs se** réunissent pour **participer à ce qui est** devenu le plus grand combat de nourriture du monde. Pendant une heure, les participants s'assaillent de **tomates** jusqu'à ce que les rues soient inondées de pulpe et de jus rouges. C'est une expérience exaltante que tout le monde devrait vivre au moins une fois ! J'ai toujours voulu faire l'expérience du festival La Tomatina, et j'ai finalement eu ma chance l'année dernière. J'étais un peu nerveuse au début, ne sachant pas à quoi m'attendre. Mais dès que les tomates ont commencé à voler, toutes mes craintes se sont envolées. C'était tellement amusant ! Je n'avais jamais autant **ri de** ma vie. Et être couverte de la tête aux pieds de jus de tomate est étrangement satisfaisant. Si vous êtes à la recherche d'une expérience vraiment unique et mémorable, mettez le festival La Tomatina sur votre liste de choses à faire ! Après une heure de jet de tomates non-stop, les rues étaient glissantes. Il était difficile de marcher sans glisser, et encore plus difficile de voir **à travers** tout le jus rouge qui coulait maintenant sur mon visage.

Pero no me importó, ¡me lo estaba pasando como nunca! La **Fiesta de** la Tomatina es **algo que** todo el mundo debería experimentar al menos una vez en su vida. Cuando el lanzamiento de tomates llegó a su fin, todo el mundo estaba agotado pero feliz. Nos ayudamos mutuamente a limpiar, limpiando las calles y a los demás. Y entonces llegó la hora de la fiesta. El resto del día se llenó de música, baile y celebración. Fue una **experiencia** increíble que nunca olvidaré. Me desperté temprano el día del festival, con el corazón palpitando de emoción. Estaba impaciente por empezar. Después de un rápido desayuno, me dirigí al centro de la ciudad, donde tenía lugar toda la acción. Las calles ya estaban llenas de gente y el aire estaba cargado de expectación. Precisamente a las 11 de la mañana se lanzó el primer tomate. Y a partir de ese momento, el caos fue **total.** Un tomate tras otro voló por los aires mientras **todos** luchaban por conseguir su parte.

Fue divertidísimo, caótico y muy divertido. Nunca me había reído tanto en mi vida. Al final, agotados de tanto lanzar (y ser lanzados), **nos** dimos por vencidos y volvimos a nuestros hoteles para un merecido descanso. Pero no sin antes hacer planes para volver el año que viene, ¡más grande y mejor que nunca! Todavía no puedo creer que esté aquí, en el Festival de la Tomatina.

Mais je m'en fichais, je m'amusais comme une folle ! Le **festival** La Tomatina est certainement **quelque chose que** tout le monde devrait vivre au moins une fois dans sa vie. Lorsque le lancer de tomates s'est finalement terminé, tout le monde était épuisé mais heureux. Nous avons tous aidé les autres à nettoyer, en arrosant les rues et les autres. Et puis il était temps de faire la fête ! Le reste de la journée a été rempli de musique, de danse et de célébrations. C'était une **expérience** incroyable que je n'oublierai jamais. Je me suis réveillée tôt le jour du festival, le cœur battant la chamade. J'avais hâte de commencer ! Après un petit-déjeuner rapide, je me suis rendue au centre de la ville, où se déroulait toute l'action. Les rues étaient déjà remplies de gens, et l'air était épais d'anticipation. À 11 heures précises, la première tomate a été lancée. Et là, c'est le chaos **total** ! Les tomates s'envolent les unes après les autres, **chacun** se battant pour avoir sa part.

C'était hilarant, chaotique et tellement amusant ! Je n'avais jamais autant ri de ma vie. Finalement, épuisés par tous les lancers (et par le fait qu'on nous lançait des objets), nous nous sommes arrêtés et nous **sommes rentrés** à nos hôtels pour un repos bien mérité. Mais pas avant d'avoir fait des plans pour revenir l'année prochaine, plus grands et meilleurs que jamais ! Je n'arrive toujours pas à croire que je suis ici, au festival La Tomatina !

Preguntas de comprensión

1. ¿Qué es la Fiesta de la Tomatina?

2. ¿Cuándo se celebra la Fiesta de la Tomatina?

3. ¿Qué hacen los participantes en la Fiesta de la Tomatina?

4. ¿Cómo se sentía el autor antes de vivir la Fiesta de la Tomatina?

5. ¿Cómo se sintió el autor después de vivir la Fiesta de la Tomatina?

6. ¿Cuál fue la parte favorita del autor de la Fiesta de la Tomatina?

7. ¿Qué fue lo más difícil de la Fiesta de la Tomatina?

8. ¿Recomendaría el autor la Fiesta de la Tomatina a otras personas?

Questions de compréhension

1. Qu'est-ce que le festival La Tomatina ?

2. Quand a lieu le festival La Tomatina ?

3. Que font les participants au festival La Tomatina ?

4. Comment l'auteur s'est-il senti avant de vivre le festival La Tomatina ?

5. Qu'a ressenti l'auteur après avoir vécu le festival La Tomatina ?

6. Quelle a été la partie du festival La Tomatina que l'auteur a préférée ?

7. Quelle a été la partie la plus difficile du festival La Tomatina ?

8. L'auteur recommanderait-il le festival La Tomatina à d'autres personnes ?

Encierro

Los encierros son un acontecimiento anual que se celebra en Pamplona, España. Cada año, **cientos** de personas de todo el mundo acuden a Pamplona para participar en los festejos. El evento dura nueve días y culmina con un encierro por las calles de Pamplona. Durante la mayor parte del año, Pamplona es una ciudad española aletargada, pero durante los encierros cobra vida. Las **calles** se llenan de gente de todas las clases sociales, todos allí para vivir una experiencia única. Muchos de los participantes llevan la ropa **tradicional** española, mientras que otros se disfrazan de forma extravagante. Algunos incluso se pintan el cuerpo con sangre de toro. Nada más comenzar la fiesta, se respira una sensación de **excitación en el** aire. Todo el mundo sabe que, en cualquier momento, un toro puede bajar a toda velocidad por una de las **estrechas** calles de Pamplona.

Pero también saben que esto es parte de lo que hace que el **encierro sea** tan emocionante. **Los espectadores se alinean a** lo largo del recorrido, animando y agitando banderas mientras esperan la aparición de los toros. A las 8 de la mañana se sueltan los toros y comienza la carrera. Inmediatamente,

La course des taureaux

La course des taureaux est un événement annuel qui se déroule à Pampelune, en Espagne. Chaque année, des **centaines de** personnes du monde entier se rendent à Pampelune pour prendre part aux festivités. L'événement dure neuf jours et s'achève par un lâcher de taureaux dans les rues de Pampelune. Pendant la majeure partie de l'année, Pampelune est une ville espagnole endormie, mais pendant la course des taureaux, elle s'anime. Les **rues sont** remplies de gens de tous horizons, tous venus pour vivre une expérience unique. De nombreux participants portent des vêtements espagnols **traditionnels**, tandis que d'autres se déguisent de manière scandaleuse. Certains se peignent même le corps avec du sang de taureau ! Dès le début du festival, un sentiment d'**excitation se dégage de l'**air. Chacun sait qu'à tout moment, un taureau peut dévaler l'une des rues **étroites** de Pampelune.

Mais ils savent aussi que cela fait partie de ce qui rend la **Course** des taureaux si palpitante. Les **spectateurs** s'alignent le long du parcours, applaudissent et agitent des drapeaux en attendant l'apparition des taureaux. Les taureaux sont lâchés à 8 heures précises et la

las calles se llenan de gente que corre por su vida. Los toros cargan a través de las estrechas calles, derribando a cualquiera que se interponga en su camino. El aire está lleno de polvo y el sonido de los cascos golpeando **el pavimento**. Algunos participantes intentan dejar atrás a los toros, mientras que otros simplemente intentan apartarse de su camino. No es raro que la gente sea **pisoteada** o corneada por los toros durante el encierro. De hecho, se considera parte de la diversión. Muchos corredores llevan pañuelos rojos alrededor del cuello, ya que creen que les protegerá de ser heridos por un toro. Los toros son finalmente acorralados al final del recorrido, y los corredores respiran aliviados. Han superado otro encierro. Ahora, es el momento de **celebrarlo**.

Las calles están llenas de gente bailando, cantando y bebiendo. El ambiente es electrizante y todo el mundo está muy animado. Ha sido un festival **exitoso** y todo el mundo está deseando que llegue la edición del año que viene. A la mañana siguiente, las calles están vacías y tranquilas. Es difícil creer que hace apenas 24 horas estaban llenas de gente corriendo por sus vidas. Ahora, sólo **quedan** algunos pañuelos rojos dispersos y algunas flores pisoteadas. Los toros hace tiempo que han vuelto a sus corrales y la fiesta ha terminado.

course commence. Immédiatement, les rues sont remplies de gens qui courent pour sauver leur vie. Les taureaux foncent dans les rues étroites, renversant tous ceux qui se trouvent sur leur chemin. L'air est chargé de poussière et du bruit des sabots sur la **chaussée**. Certains participants tentent de dépasser les taureaux, tandis que d'autres essaient simplement de rester hors de leur chemin. Il n'est pas rare que des personnes soient **piétinées** ou encornées par les taureaux pendant une course. En fait, c'est considéré comme faisant partie du plaisir ! De nombreux coureurs portent un foulard rouge autour du cou, car ils pensent que cela les protégera d'un taureau. Les taureaux sont finalement rassemblés à la fin du parcours, et les coureurs poussent un soupir de soulagement. Ils ont réussi à passer une nouvelle course de taureaux ! Maintenant, il est temps de **célébrer**.

 Les rues sont remplies de gens qui dansent, chantent et boivent. L'atmosphère est électrique et tout le monde est de bonne humeur. Le festival a été un **succès** et tout le monde attend avec impatience l'événement de l'année prochaine. Le lendemain matin, les rues sont vides et calmes. Il est difficile de croire qu'il y a seulement 24 heures, elles étaient remplies de personnes courant pour sauver leur vie. Aujourd'hui, **il** ne **reste plus** que quelques foulards rouges éparpillés et des fleurs piétinées. Les taureaux ont depuis longtemps regagné leur enclos et le festival est terminé.

Preguntas de comprensión

1. ¿Qué es el encierro?

2. ¿Cuándo tiene lugar el evento?

3. ¿Cuántos días dura el evento?

4. ¿Cuál es la culminación del evento?

5. ¿Cómo es Pamplona durante la mayor parte del año?

6. ¿Cuántos participantes se visten para el evento?

7. ¿Cómo es el ambiente cuando comienza el festival?

8. ¿Qué ocurre con los participantes que se interponen en el camino de los toros?

9. ¿Cuál es el significado de los pañuelos rojos?

Questions de compréhension

1. Qu'est-ce que le lâcher de taureaux ?

2. Quand l'événement a-t-il lieu ?

3. Combien de jours dure l'événement ?

4. Quel est le point culminant de l'événement ?

5. À quoi ressemble Pampelune pendant la majeure partie de l'année ?

6. Comment les participants s'habillent-ils pour l'événement ?

7. Quelle est l'atmosphère qui règne au début du festival ?

8. Qu'arrive-t-il aux participants qui se mettent en travers du chemin des taureaux ?

9. Quelle est la signification des foulards rouges ?

La Fiesta de San Fermín

La "Fiesta de San Fermín" es una tradición muy arraigada en la pequeña ciudad de Pamplona (España). Cada año, el 6 de julio, la ciudad se llena de música, baile y **jolgorio**. La fiesta dura nueve días y **culmina** con el encierro del 14 de julio. Para muchos lugareños y visitantes, la Fiesta de San Fermín es el punto culminante del **verano**. Este ao no fue diferente a los dems, ya que los preparativos para la fiesta comenzaron con semanas de antelacin. Las calles se limpiaron y se decoraron con pancartas y serpentinas de colores. Los comerciantes colgaron carteles **que proclamaban** "¡Viva San Fermín!" en sus escaparates. Y dondequiera que se mirara, se respiraba emoción en el aire. El 6 de julio, **exactamente a** las 12:00 horas, las fiestas comenzaron oficialmente con un estallido. El sonido de los fuegos artificiales resonaba en las calles mientras todos animaban y bailaban alrededor de la Plaza del Castillo. La fiesta había comenzado. Durante nueve días seguidos, Pamplona se llenó de risas y buen humor día y noche. Nunca hubo un momento de aburrimiento, ya que siempre había **algo** que hacer o ver, desde conciertos en directo hasta corridas de toros o bailes tradicionales como el flamenco o las sevillanas.

La Fiesta de San Fermín

La "Fiesta de San Fermn" est une tradition bien ancrée dans la petite ville de Pamplona, en Espagne. Chaque année, le 6 juillet, la ville s'anime de musique, de danse et de **réjouissances**. Le festival dure neuf jours et **culmine** avec la course des taureaux le 14 juillet. Pour de nombreux habitants et visiteurs, la Fiesta de San Fermín est le point culminant de leur **été**. Cette année n'a pas été différente des autres, car les préparatifs du festival ont commencé des semaines à l'avance. Les rues ont été nettoyées et décorées de bannières et de banderoles colorées. Les commerçants ont accroché à leurs fenêtres des panneaux **proclamant** "Viva San Fermn". Et partout où l'on regarde, il y a de l'excitation dans l'air. Le 6 juillet, à midi **pile, les** festivités ont officiellement commencé avec fracas ! Le son des feux d'artifice résonne dans les rues tandis que tout le monde acclame et danse autour de la place Plaza del Castillo. La fête a commencé ! Pendant neuf jours d'affilée, Pampelune a été remplie de rires et de bonne humeur jour et nuit. On ne s'ennuie jamais car il y a toujours **quelque chose** à faire ou à voir, des concerts en direct aux corridas en passant par les danses traditionnelles comme le flamenco ou les sevillanas.

Los curiosos solían salir a la calle para ver (y a veces participar) en estas actuaciones improvisadas que **se sucedían por toda** la ciudad. Una mañana durante la fiesta, María Elena se levantó temprano para adelantarse a sus tareas antes de salir a divertirse ese mismo día. Barrió el suelo, quitó el polvo de **las superficies** y lavó la ropa mientras tarareaba en voz baja; no podía evitar sentirse feliz hoy. No era sólo porque fueran Sanfermines -aunque eso ayudaba-, sino también porque **acababa de** ser aceptada en una universidad para estudiar medicina. Sentía que todo en su vida por fin encajaba después de años de lucha. Mientras trabajaba, la mente de María Elena se remontó a la primera vez que llegó a **Pamplona**. María Elena llegó a Pamplona hace cinco años, cuando se escapó de casa a los dieciséis. No pensaba quedarse mucho tiempo, sólo el suficiente para ganar algo de dinero y poder comprar un billete de autobús para ir a **Barcelona**, donde vivía su primo. Pero una vez que María Elena llegó a la pequeña ciudad enclavada en las **montañas de** los Pirineos, se dio cuenta de que tal vez éste podría ser su nuevo hogar.

Les badauds se répandaient souvent dans les rues pour regarder (et parfois participer) à ces spectacles improvisés **qui avaient lieu** dans toute la ville. Un matin de la fiesta, Maria Elena s'est levée tôt pour prendre de l'avance sur ses tâches ménagères avant de sortir plus tard dans la journée pour s'amuser. Elle balaie les sols, époussette les **surfaces** et fait la lessive tout en fredonnant dans son souffle ; elle ne peut s'empêcher de se sentir heureuse aujourd'hui. Elle ne pouvait s'empêcher d'être heureuse aujourd'hui. Ce n'était pas seulement parce que c'était les Sanfermines - bien que cela ait certainement aidé - mais aussi parce qu'elle avait **récemment** été acceptée dans une université pour étudier la médecine. C'est comme si tout se mettait enfin en place dans sa vie après des années de lutte. Tout en travaillant, Maria Elena se souvient de son arrivée à **Pamplona**. Maria Elena est arrivée à Pampelune il y a cinq ans, lorsqu'elle s'est enfuie de chez elle à l'âge de seize ans. Elle n'avait pas prévu de rester longtemps, juste le temps de gagner un peu d'argent pour acheter un billet de bus pour **Barcelone**, où vivait son cousin. Mais une fois que Maria Elena est arrivée dans cette petite ville nichée dans **les** Pyrénées, elle a compris que ce pourrait être sa nouvelle maison.

Preguntas de comprensión

1. ¿Qué es la Fiesta de San Fermín?

2. ¿Cuándo se celebra la Fiesta de San Fermín?

3. ¿Qué es el encierro?

4. ¿Cuánto dura la Fiesta de San Fermín?

5. ¿Cuál es la historia de María Elena?

6. ¿Qué opina María Elena de la Fiesta de San Fermín?

7. ¿Qué hace María Elena en el trabajo?

8. ¿Cuál es el objetivo de María Elena cuando llega por primera vez a Pamplona?

9. ¿Por qué María Elena decide quedarse en Pamplona?

Questions de compréhension

1. Qu'est-ce que la Fiesta de San Fermn ?

2. Quand a lieu la Fiesta de San Fermn ?

3. Qu'est-ce que le lâcher de taureaux ?

4. Combien de temps dure la Fiesta de San Fermn ?

5. Quelle est l'histoire de Maria Elena ?

6. Que pense Maria Elena de la Fiesta de San Fermn ?

7. Que fait Maria Elena pour son travail ?

8. Quel est le but de Maria Elena lorsqu'elle arrive à Pampelune ?

9. Pourquoi Maria Elena décide-t-elle de rester à Pampelune ?

Semana Santa

Era Semana Santa y toda la ciudad estaba llena de entusiasmo. Las calles estaban **decoradas con** coloridos estandartes y flores, y todo el mundo vestía sus mejores galas. El aire estaba impregnado de olor a incienso y velas, y el sonido de las campanas de la iglesia llenaba el ambiente. María llevaba todo el año esperando la **Semana Santa**. Le encantaba ver las **procesiones de las** estatuas vestidas de forma elaborada por las calles. Ahora que es mayor, le encanta ir a misa en su iglesia local y participar en las festividades. Este año estaba **especialmente** emocionada porque su primo Diego vendría de visita desde Ciudad de México.

Diego llegó el **Jueves Santo** y los dos primos pasaron el día poniéndose al día. Dieron un paseo por la ciudad, admirando las decoraciones y disfrutando del ambiente festivo. El Viernes Santo, asistieron juntos a la misa y luego ayudaron a la madre de María a preparar la comida para la cena de Pascua. A Diego le **impresionó el** trabajo que suponía preparar platos tradicionales como los tamales y el mole poblano. El sábado por la noche, María llevó a Diego a su club favorito. Le sorprendió lo animado que estaba: la música **sonaba**, la gente bailaba por todas partes y no parecía haber

Semana Santa

C'était le Semana Santa, et toute la ville était en effervescence. Les rues sont **décorées** de bannières colorées et de fleurs, et tout le monde a revêtu ses plus beaux habits. L'air est chargé de l'odeur de l'encens et des bougies, et le son des cloches de l'église résonne. Maria avait attendu la **Semana** Santa avec impatience toute l'année. Elle aimait regarder les **processions** de statues richement vêtues dans les rues. Maintenant qu'elle est plus âgée, elle aime aller à la messe dans son église locale et participer aux festivités. Cette année, elle est **particulièrement** enthousiaste car son cousin Diego vient de Mexico.

 Diego est arrivé le **jeudi** saint et les deux cousins ont passé la journée à se retrouver. Ils se sont promenés en ville, admirant les décorations et profitant de l'ambiance festive. Le Vendredi saint, ils ont assisté ensemble à la messe, puis ont aidé la mère de Maria à préparer le repas de Pâques. Diego a été **impressionné** par la quantité de travail nécessaire pour préparer des plats traditionnels comme les tamales et le mole poblano. Le samedi soir, Maria a emmené Diego dans son club préféré. Il est étonné de voir à quel point l'endroit est animé : on y **joue de la** musique, les gens dansent partout, et il ne semble pas y avoir de

ninguna preocupación en el mundo. Era un fuerte **contraste** con el ambiente sombrío de principios de semana. Después, volvieron a casa cogidos del brazo bajo las estrellas, riendo y bromeando todo el camino hasta la casa de María. El domingo de Pascua **amaneció** muy temprano.

María y Diego se despertaron temprano para asistir a la misa antes de disfrutar de un banquete con los miembros de su familia que habían venido de toda la ciudad para la cena de **Pascua**. Después de la comida, se sentaron todos a charlar y a tomar café. Los adultos recordaban sus propias Semanas Santas **de la infancia** mientras Diego escuchaba con entusiasmo, queriendo empaparse lo más posible de su cultura durante su visita. Al anochecer, Diego se despidió del feliz grupo, **prometiendo** volver el año que viene. Dejó a María con una sensación de calidez en su corazón que perduró mucho tiempo después de su partida. Un año más, la Semana Santa estaba a la vuelta de la esquina. María se moría de ganas de volver a ver a Diego, pues le parecía una eternidad desde que había vuelto a casa. Pasó los días previos a la llegada de su marido limpiando la casa de arriba a **abajo** y preparando todos sus platos favoritos. El Jueves Santo, Diego llegó con un gran abrazo para su primo. Se pusieron al día de todo lo que había pasado en la vida de cada uno durante el último año mientras paseaban por el pueblo admirando la **decoración**.

souci dans le monde. C'est un **contraste** frappant avec l'ambiance sombre du début de la semaine. Ensuite, ils sont rentrés à pied, bras dessus, bras dessous, sous les étoiles, en riant et en plaisantant tout le long du chemin jusqu'à la maison de Maria. **Le** dimanche de Pâques **s'est levé** tôt et ensoleillé.

Maria et Diego se sont levés tôt pour assister à la messe avant de profiter d'un festin avec les membres de leur famille venus de toute la ville pour le repas de **Pâques**. Après le déjeuner, ils se sont tous assis pour discuter et boire du café. Les adultes se souviennent de leurs propres Semana Santas d'**enfance**, tandis que Diego les écoute attentivement, désireux de s'imprégner le plus possible de sa culture pendant sa visite. À la tombée de la nuit, Diego a fait ses adieux au groupe heureux, **promettant** de revenir l'année prochaine. Il a laissé à Maria un sentiment de chaleur dans son cœur qui est resté longtemps après son départ. C'était une autre année, et la Semana Santa arrivait à grands pas. Maria est impatiente de revoir Diego, qui n'est pas revenu à la maison depuis une éternité. Elle passe les jours précédant l'arrivée de son **mari à** nettoyer sa maison de fond en **comble** et à préparer tous ses plats préférés. Le jeudi saint, Diego est arrivé avec un gros câlin pour sa cousine. Ils ont parlé de tout ce qui s'était passé dans leurs vies respectives au cours de l'année écoulée et se sont promenés dans la ville en admirant les **décorations**.

Preguntas de comprensión

1. ¿Qué es la Semana Santa?

2. ¿Con qué se decoran las calles durante la Semana Santa?

3. ¿Qué hace María el Viernes Santo?

4. ¿Cuál es la reacción de Diego ante el club favorito de María?

5. ¿Qué piensa Diego de su familia?

6. ¿Qué se celebra en Semana Santa?

7. ¿Cuánto tiempo lleva Diego fuera de casa?

8. ¿Qué hace María para preparar la visita de Diego?

9. ¿Quién acompaña a Diego al club favorito de María el sábado por la noche?

Questions de compréhension

1. Qu'est-ce que la Semana Santa ?

2. De quoi les rues sont-elles décorées pendant la Semana Santa ?

3. Que fait Maria le Vendredi saint ?

4. Quelle est la réaction de Diego face au club préféré de Maria ?

5. Que pense Diego de sa famille ?

6. De quoi la Semana Santa est-elle la célébration ?

7. Depuis combien de temps Diego est-il loin de chez lui ?

8. Que fait Maria pour se préparer à la visite de Diego ?

9. Qui accompagne Diego au club préféré de Maria le samedi soir ?

El día de los Reyes Magos

Era la noche de El Da de los Reyes Magos, y en toda España, los niños **esperaban** ansiosos la llegada de los Reyes Magos. En un pequeño **pueblo** de Andalucía, un niño llamado Pablo estaba especialmente emocionado. Había dejado un zapato para cada rey, lleno de heno para sus camellos y de caramelos para que los disfrutaran. **La madre** de Pablo le había dicho que si se acostaba temprano, los **reyes** vendrían mientras él dormía y le traerían **regalos**. Así que Pablo rezó sus oraciones y se acostó, deseoso de despertarse para encontrar los tesoros que le habían traído. A la mañana siguiente, cuando se despertó, había tres regalos bellamente envueltos **junto a** su cama, ¡uno para cada rey!

Alborozado por su buena suerte, Pablo los abrió enseguida... Dentro del primer regalo había un exquisito **collar de** oro; dentro del segundo, un flamante juego de pinturas; pero dentro del tercer regalo había algo aún más espécial: ¡un llavero con tres llaves! Deben ser llaves mágicas, pensó Pablo **emocionado**, ¡justo lo que necesitaba para abrir las puertas de la aventura! Agradeciendo profusamente a los Reyes Magos en

Le jour des Rois Mages

C'était la nuit de El Da de los Reyes Magos, et dans toute l'Espagne, les enfants **attendaient** avec impatience l'arrivée des Rois Mages. Dans un petit **village** d'Andalousie, un jeune garçon nommé Pablo était particulièrement excité. Il avait laissé une chaussure pour chaque roi, remplie de foin pour leurs chameaux et de friandises pour qu'ils puissent en profiter. La **mère** de Pablo lui avait dit que s'il se couchait tôt, les **rois** viendraient pendant son sommeil et lui apporteraient **des cadeaux**. Pablo a donc dit ses prières et s'est couché, impatient de se réveiller pour découvrir les trésors qu'ils lui avaient apportés. En effet, lorsqu'il se réveilla le lendemain matin, il y avait trois cadeaux joliment emballés **à côté de** son lit - un pour chaque roi !

Enthousiasmé par sa bonne fortune, Pablo les a immédiatement ouverts... Dans le premier cadeau, il y avait un **collier** doré exquis ; dans le deuxième, un jeu de peinture tout neuf ; mais dans le troisième, il y avait quelque chose d'encore plus spécial : un porte-clés avec trois clés ! Ce doit être des clés magiques, pensa Pablo **avec enthousiasme**, exactement ce dont il avait besoin pour ouvrir les portes de l'aventure ! Remerciant

su cabeza, Pablo salió corriendo para empezar a explorar. La primera parada de Pablo fue el viejo molino abandonado en **las afueras** del pueblo. Siempre había sentido curiosidad por lo que había dentro, ¡y ahora tenía la **oportunidad perfecta** para averiguarlo! Introdujo la llave número uno en la cerradura y la giró... pero no pasó nada. **Decepcionado**, Pablo probó con la llave número dos, pero tampoco funcionó.

 Justo cuando estaba a punto de darse por vencido, oyó un débil clic de la llave número tres: ¡éxito! La puerta se abrió con un chirrido y Pablo entró con cautela. Estaba muy oscuro y polvoriento, pero sus ojos pronto se adaptaron a la falta de luz. Lo que vio le hizo dar un grito de asombro: ¡había montones de monedas de oro **apiladas** a su alrededor! Parecía que alguien había escondido su tesoro aquí hace mucho tiempo y se había olvidado de él hasta ahora. **Temblando** de emoción, Pablo recogió todas las monedas que pudo cargar y corrió a su casa para mostrarle a su madre su increíble descubrimiento. La madre de Pablo se quedó tan sorprendida como él cuando vio las monedas de oro.

abondamment les trois rois dans sa tête, Pablo s'est précipité dehors pour commencer à explorer. Le premier arrêt de Pablo fut le vieux moulin abandonné à la **périphérie** du village. Il avait toujours été curieux de savoir ce qu'il y avait à l'intérieur, et maintenant il avait l'**occasion** parfaite de le découvrir ! Il insère la clé numéro 1 dans la serrure et la tourne... mais rien ne se passe. **Déçu**, Pablo a essayé la clé numéro deux, mais cela n'a pas marché non plus.

 Alors qu'il était sur le point d'abandonner, il a entendu un léger clic de la touche numéro trois - succès ! La porte s'est ouverte en grinçant, et Pablo a fait un pas prudent à l'intérieur. Il faisait très sombre et poussiéreux à l'intérieur, mais ses yeux se sont vite adaptés à l'absence de lumière. Ce qu'il a vu l'a stupéfié : des piles de pièces d'or étaient **empilées** tout autour de lui ! On aurait dit que quelqu'un avait caché son trésor ici il y a longtemps et l'avait oublié jusqu'à maintenant. **Tremblant** d'excitation, Pablo ramassa autant de pièces qu'il pouvait en porter et courut à la maison pour montrer à sa mère son incroyable découverte. La mère de Pablo était tout aussi étonnée que lui lorsqu'elle a vu les pièces d'or.

Preguntas de comprensión

1. ¿Qué es el Día de los Reyes Magos?

2. ¿Qué hizo Pablo en el Día de los Reyes Magos?

3. ¿Qué le dijo la madre de Pablo?

4. ¿Qué encontró Pablo cuando se despertó a la mañana siguiente?

5. ¿Qué pensó Pablo de las llaves?

6. ¿Qué hizo Pablo con las llaves?

7. ¿Qué encontró Pablo cuando usó las llaves?

8. ¿Cómo reaccionaron Pablo y su madre ante el descubrimiento?

9. ¿Qué le ocurrió a Pablo y a su familia a raíz del descubrimiento?

Questions de compréhension

1. Qu'est-ce que El Dia de los Reyes Magos ?

2. Qu'a fait Pablo le jour de El Dia de los Reyes Magos ?

3. Que lui a dit la mère de Pablo ?

4. Qu'a trouvé Pablo quand il s'est réveillé le lendemain matin ?

5. Qu'est-ce que Pablo a pensé des clés ?

6. Qu'est-ce que Pablo a fait avec les clés ?

7. Qu'a trouvé Pablo en utilisant les clés ?

8. Comment Pablo et sa mère ont-ils réagi à cette découverte ?

9. Qu'est-il arrivé à Pablo et à sa famille à la suite de cette découverte ?

Procesión de Semana Santa

El sol empezaba a asomar por el horizonte cuando las primeras personas comenzaron a reunirse en la plaza. El parloteo y las **risas** de los que la rodeaban deberían haber sido reconfortantes, pero lo único que hicieron fue que Ana se sintiera más nerviosa. No era propio de ella estar tan nerviosa, pero esto era diferente. Esto era especial. Esta mañana iba a participar por primera vez en la procesión de Semana Santa. Antes siempre la había visto desde la barrera, pero ahora sería una de las **participantes**. Era un gran honor que le habían **concedido** los ancianos de su pueblo, y no quería defraudarlos. A medida que la gente entraba en la plaza, Ana sentía que el corazón se le **aceleraba** en el pecho. Intentó respirar profundamente para calmarse, pero no pareció ayudar mucho.

Finalmente, cuando faltaban pocos minutos para **que se pusieran** en marcha, le vio llegar. Pablo siempre había sido amable con ella desde que eran niños y se habían criado juntos en ese pequeño pueblo español enclavado entre montañas y valles. Le dedicó una sonrisa tranquilizadora mientras se colocaba a su lado en la fila y le dio un suave apretón de manos.

Procession de Pâques

Le soleil commençait à peine à pointer à l'horizon que les premières personnes commençaient à se rassembler sur la place. Les bavardages et les **rires** de ceux qui l'entouraient auraient dû être réconfortants, mais tout ce qu'ils faisaient, c'était de rendre Ana plus nerveuse. Ce n'était pas son genre d'être aussi nerveuse, mais là c'était différent. C'était spécial. Ce matin, elle allait prendre part à la procession de Pâques pour la première fois. Auparavant, elle l'avait toujours regardée de loin, mais maintenant, elle sera l'un des **participants**. C'est un grand honneur qui lui a été fait par les anciens de son village, et elle ne veut pas les décevoir. Alors que de plus en plus de personnes se pressaient sur la place, Ana sentait son cœur **s**'accélérer dans sa poitrine. Elle essayait de respirer profondément pour se calmer, mais cela ne semblait pas l'aider.

Enfin, alors qu'il ne restait plus que quelques minutes avant qu'ils ne commencent à bouger, elle le vit arriver. Pablo avait toujours été gentil avec elle, depuis qu'ils étaient enfants, grandissant ensemble dans ce petit village **espagnol** niché entre montagnes et vallées. Il

Ese **simple** gesto hizo que todos los nervios de Ana **desaparecieran** al instante, y sintió que se relajaba por primera vez en todo el día. Con Pablo a su lado, sabía que todo iría bien. La procesión comenzó con el sonido de una trompeta que tocaba una melodía sombría. Lentamente, todos empezaron a avanzar, abriéndose paso **por las** calles llenas de gente que había salido a ver.

Algunos aplaudían y vitoreaban, mientras que otros permanecían en silencio con miradas de reverencia en sus rostros. Ana sintió que sus propias emociones se **agolpaban** al pensar en lo que representaba este día. Era un día de renacimiento y esperanza, un momento en el que todos podrían empezar de nuevo. El peso de la responsabilidad que había sentido durante toda la mañana pareció desaparecer de sus hombros mientras **caminaba** con confianza junto a Pablo. Sabía que, pasara lo que pasara, él siempre estaría a su lado. Al doblar la última esquina de la **plaza** donde se encontraba la iglesia, Ana vio a su familia de pie a un lado saludándola. Su madre y su padre tenían lágrimas en los ojos, **pero** sonreían ampliamente.

lui a adressé un sourire rassurant en prenant place à côté d'elle dans la file d'attente et a tendu la main pour la serrer doucement. Ce **simple** geste fit **disparaître** instantanément toute la nervosité d'Ana, qui se sentit détendue pour la première fois de la journée. Avec Pablo à ses côtés, elle savait que tout irait bien. La procession a commencé avec le son d'une trompette jouant un air sombre. Lentement, tout le monde a commencé à avancer, se frayant un chemin **à travers** les rues bordées de gens qui étaient sortis pour regarder.

Certains **acclamaient** et applaudissaient, tandis que d'autres se tenaient silencieusement avec des regards de révérence sur leurs visages. Ana sentait ses propres émotions **monter en elle** lorsqu'elle pensait à ce que ce jour représentait. C'était un jour de renaissance et d'espoir, un moment où ils pouvaient tous recommencer à zéro. Le poids de la responsabilité qu'elle avait ressenti tout au long de la matinée semblait s'envoler de ses épaules alors qu'elle **marchait** avec confiance à côté de Pablo. Elle savait que quoi qu'il arrive, il serait toujours à ses côtés. Alors qu'ils tournaient le dernier coin de la **place** où se trouvait l'église, Ana aperçut sa famille debout sur le côté, lui faisant signe. Sa mère et son père avaient tous deux les larmes aux yeux, mais ils souriaient **néanmoins**.

Preguntas de comprensión

1. ¿Qué representa la procesión de Semana Santa?

2. ¿Cómo se siente Ana al participar en la procesión?

3. ¿Quién es Pablo?

4. ¿Cómo cambia el estado de ánimo de Ana cuando ve a Pablo?

5. ¿Qué significa el toque de la trompeta?

6. ¿Cómo reaccionan los espectadores ante la procesión?

7. ¿Qué emociones siente Ana durante la procesión?

8. ¿Qué significa que la familia de Ana esté en la iglesia?

9. ¿Cómo se reúne el pueblo durante la Semana Santa?

Questions de compréhension

1. Que représente la procession de Pâques ?

2. Comment Ana se sent-elle à l'idée de participer à la procession ?

3. Qui est Pablo ?

4. Comment l'humeur d'Ana change-t-elle lorsqu'elle voit Pablo ?

5. Que signifie le son de la trompette ?

6. Comment les badauds réagissent-ils à la procession ?

7. Quelles émotions Ana ressent-elle pendant la procession ?

8. Quelle est la signification de la présence de la famille d'Ana à l'église ?

9. Comment le village se rassemble-t-il à Pâques ?

El Canto del Gallo

El canto del gallo era el primer sonido del día. Siempre era tan puntual, como si se hubiera puesto un despertador. El sol aún no había salido, pero el cielo empezaba a **clarear**. Por toda la granja, los animales se movían y **se** preparaban para otro día. El gallo se pavoneaba por el corral, ladeando la cabeza y mostrándose orgulloso. Sabía que era el **responsable** de empezar cada nuevo día. Le encantaba su trabajo y se sentía muy orgulloso de él. De repente, se oyó un fuerte golpe. El gallo miró y vio que una de las puertas del granero se había abierto con el viento. ¡Oh, oh! Eso significaba que todos los animales podrían salir si él no hacía **algo** rápido. El gallo corrió hacia la puerta abierta y trató de cerrarla, pero era demasiado pesada. Pidió ayuda, pero no **parecía haber** nadie cerca. En ese momento, vio a una gallina que pasaba por allí. "¡Ayúdame!", gritó.

"¡Los animales saldrán todos si no cerramos esta puerta!" La gallina corrió hacia allí, y **juntos** pudieron finalmente empujar la puerta para cerrarla. ¡Uf! ¡Ha estado cerca! El gallo respiró aliviado y agradeció a la gallina su ayuda. Cuando empezó a salir el sol, la granja se llenó de actividad. Todos los **animales** estaban ocupados en sus tareas cotidianas. Las

El Canto del Gallo

Le chant du coq était le premier son de la journée. Il était toujours si ponctuel, comme s'il s'était programmé un réveil. Le soleil n'était pas encore levé, mais le ciel commençait à **s'éclaircir**. Tout autour de la ferme, les animaux s'agitaient et **se** préparaient pour une nouvelle journée. Le coq se pavane dans la basse-cour, hochant la tête et prenant un air fier. Il savait qu'il était **responsable** du démarrage de chaque nouvelle journée. Il aimait son travail et en était très fier. Soudain, il y a eu un grand bruit ! Le coq regarde pour voir qu'une des portes de la grange s'est ouverte à cause du vent. Oh là là ! Cela signifiait que tous les animaux allaient pouvoir sortir s'il ne faisait pas **quelque chose** rapidement ! Le coq se précipite vers la porte de la grange ouverte et essaie de la pousser pour la fermer, mais elle est trop lourde. Il appelle à l'aide, mais personne ne **semble** être dans les parages. À ce moment-là, il a vu une poule qui passait par là. "Aide-moi !", crie-t-il.

"Les animaux vont tous sortir si on ne ferme pas cette porte !" Le poulet a accouru, et **ensemble,** ils ont enfin pu pousser la porte pour la fermer. Ouf ! C'est passé près ! Le coq a poussé un soupir de soulagement et a remercié la poule pour son aide. Alors que le soleil

gallinas escarbaban en la tierra en busca de insectos, las vacas pastaban en los pastos e incluso los cerdos se bañaban en el barro en su corral. Era otro hermoso día en la granja gracias a El Canto del Gallo. Todos los días, el gallo se despertaba temprano y cantaba para empezar el nuevo día. Era un trabajo que le encantaba y del que se sentía muy orgulloso. Sabía que era el **responsable** de que todos los habitantes de la granja empezaran el día. Y siempre hacía todo lo posible para que fuera bueno.

Un día, el gallo se despertó y vio que ya había salido el sol. Estaba sorprendido. **Nunca** había llegado tarde a su clase. Enseguida **se dio cuenta de que se había** quedado dormido. ¿Qué pensaría todo el mundo? Salió a toda prisa del establo y vio que todos los **animales** estaban ocupados en sus tareas habituales. Nadie parecía darse cuenta de que llegaba tarde. ¡Uf! Estuvo muy cerca. El gallo **aprendió** la lección y, a partir de entonces, siempre ponía un despertador para asegurarse de no volver a quedarse dormido. El gallo siguió cantando todas las mañanas y la granja siguió funcionando sin problemas. Los animales estaban **felices** y sanos, y **todo el mundo** los quería. El Canto del Gallo.

commence à se lever, la ferme s'anime. Tous les **animaux** sont occupés à leurs tâches quotidiennes. Les **poulets** grattent la terre à la recherche d'insectes, les vaches broutent dans les pâturages et même les cochons prennent un bain de boue dans leur enclos. C'était une autre belle journée à la ferme, grâce à El Canto del Gallo, la chanson du coq ! Chaque jour, le coq se réveille tôt et chante pour commencer la nouvelle journée. C'était un travail qu'il aimait et dont il était très fier. Il savait qu'il était **responsable de s'**assurer que tout le monde à la ferme commençait sa journée. Et il faisait toujours de son mieux pour s'assurer que c'était une bonne journée !

Un jour, le coq se réveilla pour constater que le soleil était déjà levé. Il est choqué ! Il **n'avait jamais** été en retard pour sa classe auparavant. Il a vite **compris qu'**il avait dû faire la grasse matinée. Oh non ! Que vont penser les autres ? Il se précipite hors de la grange et voit que tous les **animaux sont** occupés à vaquer à leurs occupations habituelles. Personne ne semble avoir remarqué son retard. Ouf ! Il s'en est fallu de peu ! Le coq a **appris** sa leçon et, à partir de ce moment-là, il a toujours mis un réveil pour s'assurer qu'il ne dormirait plus jamais ! Le coq a continué à chanter tous les matins et la ferme a continué à fonctionner sans problème. Les animaux étaient tous **heureux** et en bonne santé, et **tout le monde** les aimait. El Canto del Gallo.

Preguntas de comprensión

1. ¿Por qué el gallo se retrasó un día?

2. ¿Cómo se sentía el gallo en su trabajo?

3. ¿Qué hizo el gallo cuando vio la puerta del granero abierta?

4. ¿Cómo ayudó la gallina al gallo?

5. ¿Qué hacían los animales cuando el gallo se despertó tarde un día?

6. ¿Por qué el gallo empezó a poner el despertador?

7. ¿Cómo reaccionaron los demás animales cuando el gallo se quedó dormido?

8. ¿Cómo se sintió el gallo después de quedarse dormido?

9. ¿Qué lección aprendió el gallo?

Questions de compréhension

1. Pourquoi le coq était-il en retard un jour ?

2. Que pensait le coq de son travail ?

3. Qu'a fait le coq quand il a vu la porte de la grange ouverte ?

4. Comment le poulet a-t-il aidé le coq ?

5. Que faisaient les animaux quand le coq s'est réveillé tard un jour ?

6. Pourquoi le coq a-t-il commencé à mettre un réveil ?

7. Comment les autres animaux ont-ils réagi lorsque le coq a dormi trop longtemps ?

8. Comment s'est senti le coq après avoir trop dormi ?

9. Quelle leçon le coq a-t-il apprise ?

Carnaval de Cádiz

El sol se ponía un día más en Cádiz y en las calles
se escuchaba el sonido de la **música** y las risas. Es
tiempo de **Carnaval** y todo el mundo está de fiesta. El
aire huele a pescado frito y churros, y las calles están
decoradas con serpentinas y confeti. Todo el mundo
se **vestía** con sus mejores galas, dispuesto a festejar
hasta el amanecer. El ambiente era electrizante y la
gente bailaba por **las calles al** son de las bandas que
tocaban música tradicional **española** en directo. A
medida que avanzaba la noche, la fiesta se volvía más
salvaje y festiva.

La gente se reía y cantaba a pleno pulmón, y había un
sentimiento de alegría en el aire. Las bandas tocaban
más fuerte y más rápido mientras la gente bailaba
con desenfreno. Las calles se llenan de gente feliz,
disfrutando de la mejor noche del año. De repente,
se produce un **alboroto** en un extremo de la calle.
Un grupo de hombres había empezado a pelearse,
y pronto se convirtió en una pelea en toda regla. Se
lanzaban **botellas** y se daban **puñetazos a diestro**
y siniestro. Parecía que la cosa se iba a poner fea
rápidamente. La policía llegó rápidamente para disolver
la pelea, pero ya era demasiado tarde. El daño ya
estaba hecho, tanto a la propiedad como a la sensación

Carnaval de Cádiz

Le soleil se couche sur un autre jour à Cadix, et les rues sont animées par le son de la **musique** et des rires. C'était le **carnaval**, et tout le monde était d'humeur festive. L'air était chargé de l'odeur du poisson frit et des churros, et les rues étaient décorées de serpentins et de confettis. Chacun avait **revêtu ses** plus beaux habits, prêt à faire la fête jusqu'à l'aube. L'atmosphère était électrique, les gens dansaient dans les **rues au** son de groupes jouant de la musique **espagnole** traditionnelle. Plus la nuit avançait, plus la fête devenait sauvage et festive.

Les gens rient et chantent à tue-tête, et il y a un sentiment de joie dans l'air. Les groupes jouent plus fort et plus vite, tandis que les gens dansent avec abandon. Les rues sont remplies de fêtards heureux, qui profitent de la meilleure nuit de l'année. Soudain, il y a eu une **agitation** à un bout de la rue. Un groupe d'hommes a commencé à se battre, et bientôt cela a dégénéré en une véritable bagarre. Des **bouteilles ont été** jetées, et des **coups de poing ont été** lancés à gauche et à droite. Il semblait que ça allait vite devenir moche. La police est rapidement arrivée pour mettre fin à la bagarre, mais il était déjà trop tard. Les dégâts ont été faits, à la fois sur les biens et sur le sentiment

de seguridad de la gente. El ambiente de la fiesta se había visto alterado por la violencia, y mucha gente empezó a marcharse a casa antes de tiempo. Fue un final **decepcionante** para lo que debería haber sido una noche de diversión para todos. Al día siguiente, las calles estaban tranquilas mientras la gente intentaba recuperarse de los acontecimientos de la noche anterior.

Había un sentimiento de **tristeza en el aire, ya** que mucha gente había estado esperando el Carnaval todo el año. Era el momento de soltarse y divertirse, pero ahora tenían la sensación de que eso les había sido arrebatado. Algunos comercios incluso se **plantearon** no abrir este año para el **Carnaval, por** miedo a que volviera a ocurrir algo como lo de anoche. Pero a pesar de todo, todavía hay quienes se niegan a dejar morir el espíritu del Carnaval. Esta noche volverán a salir a la calle, a bailar y a cantar con las bandas de música tradicional **española**. El espectáculo debe continuar. "Es otra noche de Carnaval en Cádiz, y las calles vuelven a estar llenas de música y risas. A pesar de lo ocurrido anoche, la gente está **decidida** a disfrutar. El ambiente está más apagado que antes, pero sigue habiendo un sentimiento de alegría en el aire. La gente baila y canta al ritmo de las bandas que tocan música **tradicional** española.

de sécurité des gens. L'atmosphère de fête a été brisée par la violence, et de nombreuses personnes ont commencé à rentrer chez elles plus tôt que prévu. C'est une fin **décevante pour** ce qui aurait dû être une soirée amusante pour toutes les personnes concernées. Le lendemain, les rues étaient calmes, les gens essayant de se remettre des événements de la nuit précédente.

Il y avait un sentiment de **tristesse dans l'**air, car beaucoup de gens avaient attendu le Carnaval toute l'année. C'était le moment de se détendre et de s'amuser, mais maintenant, c'est comme si cela leur avait été enlevé. Certains commerces ont même **envisagé de** ne pas ouvrir pour le **Carnaval** cette année, de peur que quelque chose comme la nuit dernière ne se reproduise. Mais malgré tout, il y a toujours ceux qui refusent de laisser mourir l'esprit du Carnaval. Ils seront de nouveau dans les rues ce soir, dansant et chantant avec les groupes qui jouent de la musique traditionnelle **espagnole**. Le spectacle doit continuer. "C'est une nouvelle nuit de Carnaval à Cadix, et les rues sont à nouveau animées par la musique et les rires. Malgré ce qui s'est passé hier soir, les gens sont **déterminés à** s'amuser. L'atmosphère est plus calme qu'auparavant, mais il y a toujours un sentiment de joie dans l'air. Les gens dansent et chantent au son des groupes qui jouent de la musique espagnole **traditionnelle**.

Preguntas de comprensión

1. ¿Cómo es el ambiente en las calles durante el Carnaval?

2. ¿Cómo reacciona la gente cuando se produce una pelea durante las fiestas?

3. ¿Qué significado tiene el Carnaval para los gaditanos?

4. ¿Cómo se siente la gente después de los acontecimientos de la noche anterior?

5. ¿Cómo es el ambiente entre los juerguistas a medida que avanza la noche?

6. ¿Por qué estalló la pelea en primer lugar?

7. ¿Cómo maneja la policía la situación?

8. ¿Cómo se compara la pelea con la de la noche anterior?

9. ¿Qué sugiere la conmoción al final de la calle sobre la determinación de la gente?

Questions de compréhension

1. Quelle est l'ambiance dans les rues pendant le Carnaval ?

2. Comment les gens réagissent-ils lorsqu'une bagarre éclate pendant les festivités ?

3. Quelle est la signification du Carnaval pour les habitants de Cadix ?

4. Comment les gens se sentent-ils après les événements de la nuit précédente ?

5. Quelle est l'ambiance parmi les fêtards au fur et à mesure que la nuit avance ?

6. Pourquoi la bagarre a-t-elle éclaté en premier lieu ?

7. Comment la police gère-t-elle la situation ?

8. Comment le combat se compare-t-il à la bagarre de la nuit précédente ?

9. Que suggère l'agitation au bout de la rue sur la détermination des gens ?

La batalla de Nerja

La batalla de Nerja fue un punto de inflexión en la guerra contra los **moros**. También fue una batalla sangrienta y brutal, en la que ambos bandos sufrieron grandes bajas. Los **cristianos** estaban **en inferioridad numérica** y de armamento, pero lucharon con valentía y finalmente salieron victoriosos. Esta victoria les dio el **impulso que** necesitaban para ganar la guerra, y también demostró al pueblo de España que eran capaces de derrotar a los moros. La batalla comenzó temprano en la mañana, con los moros atacando el campamento **cristiano**. Los cristianos fueron tomados por **sorpresa,** pero rápidamente se reanimaron y contraatacaron. Los dos bandos lucharon ferozmente durante horas, sin que ninguno de ellos pudiera obtener ventaja. Al ponerse el sol, parecía que la batalla acabaría en tablas.

Sin embargo, cuando parecía que los **combates** se detendrían por esta noche, un grupo de soldados españoles logró romper las líneas moras. Entraron en el corazón del territorio enemigo y los tomaron por sorpresa. Este repentino ataque cambió el rumbo de la batalla y pronto todos los moros se retiraron o murieron. Los **cristianos** habían obtenido una victoria

La bataille de Nerja

La bataille de Nerja a marqué un tournant dans la guerre contre les **Maures**. Ce fut également une bataille sanglante et brutale, où les deux camps ont subi de lourdes pertes. Les **chrétiens** étaient **inférieurs en nombre** et en armement, mais ils se sont battus avec courage et sont finalement sortis vainqueurs. Cette victoire leur a donné l'**élan** dont ils avaient besoin pour gagner la guerre, et elle a également montré au peuple espagnol qu'ils étaient capables de vaincre les Maures. La bataille a commencé tôt le matin, lorsque les Maures ont attaqué le camp **chrétien**. Les chrétiens ont été pris par **surprise**, mais ils se sont rapidement ralliés et ont riposté. Les deux camps se sont battus avec acharnement pendant des heures, sans qu'aucun ne parvienne à prendre l'avantage. Au coucher du soleil, il semblait que la bataille se terminerait dans une impasse.

Cependant, alors qu'il semblait que les **combats** allaient s'arrêter pour la nuit, un groupe de soldats espagnols réussit à percer les lignes mauresques. Ils ont chargé au cœur du territoire ennemi et les ont pris par surprise. Cette attaque soudaine a renversé le cours de la bataille, et bientôt tous les Maures ont battu en retraite ou sont morts. Les **chrétiens** avaient

decisiva. Tras la batalla, los soldados españoles fueron aclamados como héroes. Habían demostrado un gran valor y determinación frente a unas probabilidades abrumadoras, y habían ayudado a cambiar el rumbo de la guerra. La Batalla de Nerja fue un punto de inflexión en la historia de España, y es recordada con cariño por los que lucharon en ella. Hoy en día, el lugar de la Batalla de Nerja es un popular destino turístico. Los visitantes pueden ver el campo de batalla en el que los **soldados españoles** lucharon con tanto valor, y también pueden conocer la historia de este importante acontecimiento. La Batalla de Nerja es una parte **importante del** pasado de España, y siempre será recordada por quienes visiten este lugar tan especial. La Batalla de Nerja es una parte **importante de la historia de España, y siempre** será recordada por quienes visiten este lugar tan especial.

La batalla de Nerja fue un punto de **inflexión** en la guerra contra los moros. También fue una batalla sangrienta y brutal, en la que ambos bandos **sufrieron** grandes **bajas**. Los cristianos estaban en inferioridad numérica y de armamento, pero lucharon con valentía y finalmente salieron **victoriosos**. Esta victoria les dio el impulso que necesitaban para ganar la guerra, y también demostró al pueblo de España que eran capaces de derrotar a los moros.

remporté une victoire **décisive** ! Après la bataille, les soldats **espagnols ont** été acclamés comme des héros. Ils avaient fait preuve d'un grand courage et d'une grande détermination face à l'adversité, et ils avaient contribué à inverser le cours de la guerre. La bataille de Nerja a marqué un tournant dans l'histoire de l'Espagne, et ceux qui y ont combattu en gardent un souvenir ému. Aujourd'hui, le site de la bataille de Nerja est une destination touristique populaire. Les visiteurs peuvent voir le champ de bataille où les **soldats** espagnols ont combattu avec tant de courage, et ils peuvent également apprendre l'histoire de cet événement important. La bataille de Nerja est une partie **importante** du passé de l'Espagne, et ceux qui visitent ce lieu spécial s'en souviendront toujours. La bataille de Nerja est une partie **importante** de l'histoire de l'Espagne, et ceux qui visitent ce lieu spécial s'en souviendront toujours.

La bataille de Nerja a marqué un **tournant** dans la guerre contre les Maures. Ce fut également une bataille sanglante et brutale, où les deux camps ont subi de lourdes **pertes**. Les chrétiens étaient inférieurs en nombre et en armement, mais ils se sont battus avec courage et sont finalement sortis **vainqueurs**. Cette victoire leur a donné l'élan dont ils avaient besoin pour gagner la guerre, et elle a également montré au peuple espagnol qu'ils étaient capables de vaincre les Maures.

Preguntas de comprensión

1. ¿Cuál fue el punto de inflexión en la guerra contra los moros?

2. ¿Qué fue la batalla de Nerja?

3. ¿Quién ganó la batalla?

4. ¿Cuáles fueron las consecuencias de la batalla?

5. ¿Cuál fue la reacción del pueblo español después de la batalla?

6. ¿Cómo se recuerda la Batalla de Nerja?

7. ¿Cuál es la importancia de la batalla de Nerja?

8. ¿Qué ocurrió durante la batalla?

9. ¿Cómo consiguieron los soldados españoles ganar la batalla?

10. ¿Qué pueden ver los visitantes cuando van al lugar de la batalla hoy en día?

Questions de compréhension

1. Quel a été le tournant de la guerre contre les Maures ?

2. Qu'est-ce que la bataille de Nerja ?

3. Qui a gagné la bataille ?

4. Quelles ont été les conséquences de la bataille ?

5. Quelle a été la réaction du peuple espagnol après la bataille ?

6. Quel est le souvenir de la bataille de Nerja ?

7. Quelle est la signification de la bataille de Nerja ?

8. Que s'est-il passé pendant la bataille ?

9. Comment les soldats espagnols ont-ils réussi à gagner la bataille ?

10. Que peuvent voir les visiteurs lorsqu'ils se rendent sur le site de la bataille aujourd'hui ?

Fiesta de San Juan

El sol se ponía en la pequeña ciudad de Sant Joan. Las calles estaban vacías, a excepción de algunos rezagados que volvían a casa después de la fiesta del día. En el centro del pueblo, una hoguera arde con fuerza, **rodeada** de gente que baila y canta. Era la **fiesta** de Santa Juana, y todo el mundo estaba de fiesta. Al caer la noche, la fiesta continúa. La gente bebía y bailaba en torno a la hoguera hasta que, cerca de la medianoche, se desplomaba exhausta. Mientras estaban tumbados mirando las estrellas, podían oír las risas y la música de otros pueblos donde se **celebraban fiestas** similares. Fue un momento feliz para todos los que lo celebraron. A la mañana siguiente, el pueblo bullía de actividad. La gente estaba ocupada limpiando el desorden de la noche anterior y preparándose para los eventos del día.

Había un desfile por la ciudad, seguido de más bailes y cantos. A medida que avanzaba el día, la gente empezaba a llegar al pueblo desde todas partes. Venían de cerca y de lejos para participar en los **festejos**. Las calles pronto se llenaron de gente de todas las edades, riendo y disfrutando. El desfile fue un espectáculo de colores, con carrozas adornadas

Festival de Sant Joan

Le soleil se couchait sur la petite ville de Sant Joan. Les rues sont vides, à l'exception de quelques traînards qui rentrent chez eux après les festivités de la journée. Au centre de la ville, un feu de joie brûlait, **entouré** de gens qui dansaient et chantaient. C'était la **fête** de Sainte Jeanne, et tout le monde était d'humeur festive. À la tombée de la nuit, la fête continue. Les gens buvaient et dansaient autour du feu jusqu'à ce qu'ils s'écroulent, épuisés, vers minuit. En **regardant** les étoiles, ils peuvent entendre des rires et de la musique provenant d'autres villes où des **célébrations** similaires ont lieu. C'était un moment heureux pour tous ceux qui le **célébraient**. Le lendemain matin, la ville est en pleine effervescence. Les gens étaient occupés à nettoyer le désordre de la nuit précédente et à se préparer pour les événements de la journée.

Il y avait un défilé à travers la ville, suivi de danses et de chants. Au fur et à mesure que la journée avançait, les gens commençaient à arriver en ville de partout. Ils venaient de près ou de loin pour participer aux **festivités**. Les rues sont bientôt remplies de personnes de tous âges, qui rient et s'amusent. Le défilé était un spectacle coloré, avec des chars ornés de fleurs et

con flores y **serpentinas**. La música era fuerte y animada, haciendo que todo el mundo moviera los pies. Al terminar, todos se dirigieron a la hoguera, donde volvieron a bailar hasta bien entrada la noche. El último día del festival, todos se entristecen al ver que llega a su fin. Pero **sabían que se llevarían** muchos **recuerdos felices**. Cuando el sol se puso en Sant Joan, la gente se reunió alrededor de la hoguera por última vez. Cantaron y bailaron hasta quedar exhaustos, y luego volvieron a desplomarse alrededor de la hoguera. Mientras miraban las estrellas, podían oír las risas y la música procedentes de otros **pueblos** donde se **celebraban fiestas** similares. Fue un momento feliz para todos los que lo celebraron".

A la mañana siguiente, la gente empezó a recoger sus cosas y a despedirse de los demás. Prometieron mantenerse en contacto y volver a verse el año que viene en el festival. Al marcharse, miraron al pueblo de Sant Joan con buenos recuerdos. Era un lugar **especial** en el que habían **compartido** muchos momentos felices. Siempre guardarán esos recuerdos. Al año siguiente, la gente volvió a venir de todas partes para celebrar la Fiesta de Sant Joan. Era el momento de **reencontrarse** con viejos amigos y de hacer otros nuevos. La hoguera ardía con fuerza y la música sonaba hasta altas horas de la noche.

de **serpentins**. La musique était forte et entraînante, faisant bouger tout le monde. À la fin du défilé, tout le monde est retourné au feu de joie, où ils ont dansé une fois de plus jusqu'à tard dans la nuit. Le dernier jour du festival, tout le monde était triste de le voir se terminer. Mais ils **savaient qu'**ils auraient de nombreux **souvenirs** heureux à emporter avec eux. Alors que le soleil se couchait sur Sant Joan, les gens se sont rassemblés une dernière fois autour du feu de camp. Ils ont chanté et dansé jusqu'à l'épuisement, puis se sont effondrés en un tas autour du feu une fois de plus. En regardant les étoiles, ils pouvaient entendre les rires et la musique provenant d'autres **villes** où des **célébrations** similaires avaient lieu. C'était un moment heureux pour tous ceux qui l'ont célébré."

Le lendemain matin, les gens ont commencé à ranger leurs affaires et à se dire au revoir. Ils se sont promis de rester en contact et de se retrouver l'année prochaine au festival. En partant, ils ont gardé de bons souvenirs de la ville de Sant Joan. C'était un endroit **spécial** où ils avaient partagé de nombreux moments heureux **ensemble**. Ils chériront toujours ces souvenirs. L'année **suivante, les** gens sont venus de partout pour célébrer la fête de Sant Joan. C'était l'occasion pour eux de **renouer avec** de vieux amis et de s'en faire de nouveaux. Le feu de joie brûlait et la musique jouait jusque tard dans la nuit.

Preguntas de comprensión

1. ¿Cuál es el nombre del festival?

2. ¿Cuándo se celebra el festival?

3. ¿Para qué sirve la hoguera?

4. ¿Qué hace la gente en el festival?

5. ¿Cómo es el desfile?

6. ¿Qué hace la gente el último día del festival?

7. ¿Qué recuerdos tiene la gente del festival?

8. ¿Con qué frecuencia se celebra el festival?

9. ¿Qué hace la gente en la hoguera?

10. ¿Qué puedes oír cuando miras a las estrellas?

Questions de compréhension

1. Quel est le nom du festival ?

2. Quand le festival a-t-il lieu ?

3. A quoi sert le feu de camp ?

4. Que font les gens au festival ?

5. Comment se déroule la parade ?

6. Que font les gens le dernier jour du festival ?

7. Quels sont les souvenirs que les gens gardent du festival ?

8. À quelle fréquence le festival a-t-il lieu ?

9. Que font les gens au feu de joie ?

10. Que pouvez-vous entendre lorsque vous regardez les étoiles ?

En la playa

Después del amanecer, las olas son más fuertes y la arena sobre la marea es blanca. Bajo a la playa, **admirando** el mar y el sol. Mis dedos sienten los surcos de las conchas. La arena está fría en mis dedos. Sonrío y sigo adelante. La marea está alta, así que tengo que tener cuidado para que no me arrastre. Camino por la orilla del agua, admirando el mar. El amanecer es **precioso** y las olas rompen. Me siento muy tranquila. Llego a un lugar donde hay un afloramiento de roca. Me siento y observo las olas. El agua es tan azul y el cielo tan **naranja**. Me siento como en un sueño. Cierro los ojos y sólo escucho las olas. Me siento allí durante mucho tiempo, hasta que oigo que alguien me llama por mi nombre.

Abro los ojos y veo a mi madre caminando hacia mí. Tiene una mirada de preocupación. Sonrío y la saludo con la mano, y se **relaja**. "Me preguntaba adónde habías ido", dice. "Me alegro de que estés disfrutando de la playa". Le respondo: "Sí". "Esto es muy bonito". "Lo sé", dice ella. "Yo solía venir aquí todo el tiempo cuando tenía tu edad". "¿De verdad?" Pregunto. "Sí", responde. "Es un lugar especial". "¿Has conocido a alguien especial aquí?" le pregunto. "Sí", responde con una sonrisa. "A tu padre". "¿De verdad?" Digo,

A la plage

Après le lever du soleil, les vagues sont plus fortes et le sable au-dessus de la marée est blanc. Je marche jusqu'à la plage, **admirant** la mer et le soleil. Mes orteils sentent les rainures des coquillages. Le sable est froid sur mes orteils. Je souris et je continue. La marée est haute, alors je dois faire attention à ne pas me laisser entraîner. Je marche le long du bord de l'eau, en admirant la mer. Le lever du soleil est **magnifique**, et les vagues s'écrasent. Je me sens si paisible. J'arrive à un endroit où il y a un affleurement rocheux. Je m'assieds et je regarde les vagues. L'eau est si bleue et le ciel est si **orange**. J'ai l'impression d'être dans un rêve. Je ferme les yeux et je me contente d'écouter les vagues. Je suis restée assise pendant un long moment, jusqu'à ce que j'entende quelqu'un m'appeler.

J'ouvre les yeux et je vois ma mère marcher vers moi. Elle a un air inquiet sur le visage. Je souris et je lui fais signe, et elle **se détend**. "Je me demandais où tu étais allée", dit-elle. "Je suis contente que tu profites de la plage." Je réponds : "J'en profite." "C'est tellement beau ici." "Je sais", dit-elle. "Je venais ici tout le temps quand j'avais ton âge." "Vraiment ?" Je demande. "Ouais", répond-elle. "C'est un endroit spécial." "As-tu déjà rencontré quelqu'un de spécial ici ?" Je demande. "Oui",

sorprendido. "Sí", dice ella. "Solíamos venir aquí siempre juntos. Es donde nos enamoramos". "Sonrío, **imaginando a** mis padres enamorándose en esta hermosa playa. "Es un lugar especial", repite. "Me alegro de que hayas venido hoy".

Nos quedamos sentados un rato más, **mirando** las olas y la puesta de sol. Luego nos levantamos y volvemos a nuestras toallas de playa. Me tumbo y miro las estrellas. Me siento muy feliz y contenta. Las olas son más fuertes y la arena está fría. El sol se pone y sopla una brisa fresca. Las olas chocan contra la orilla y el aire huele a sal. Es una tarde perfecta para estar en la playa. Estoy caminando por la orilla, **escuchando el** sonido de las olas y viendo la puesta de sol. Veo a un grupo de personas sentadas en la arena, riendo y bromeando. Parece que se lo están pasando muy bien. Me acerco a ellos y les pregunto si puedo unirme a ellos. Me dicen que sí y pasamos el resto de la tarde hablando, riendo y viendo la **puesta de sol**. Es una noche perfecta. El grupo y yo hablamos hasta que se pone el sol. Compartimos anécdotas y bromas, y nos lo pasamos muy bien. Cuando la noche empieza a caer, todos empezamos a sentirnos cansados. Nos **despedimos** con un beso y nos separamos. Vuelvo a mi hotel, feliz y contento. No puedo creer lo bonito que es este lugar. Tengo mucha suerte de haberlo **vivido**.

répond-elle avec un sourire. "Ton père." "Vraiment ?"
Je dis, **surpris**. "Oui," dit-elle. "Nous avions l'habitude
de venir ici tout le temps ensemble. C'est là que nous
sommes tombés amoureux. " Je souris, **imaginant**
mes parents tombant amoureux sur cette magnifique
plage. " C'est un endroit spécial ", répète-t-elle. "Je suis
contente que tu sois venu ici aujourd'hui."

Nous restons assis là un moment de plus, à **regarder**
les vagues et le coucher de soleil. Puis nous nous
levons et retournons à nos serviettes de plage.
Je m'allonge et regarde les étoiles. Je me sens si
heureuse et satisfaite. Les vagues sont plus fortes
maintenant, et le sable est froid. Le soleil se couche et
une brise fraîche souffle. Les vagues s'écrasent sur le
rivage et l'odeur du sel flotte dans l'air. C'est une soirée
parfaite pour être à la plage. Je me promène le long du
rivage, en **écoutant le** bruit des vagues et en regardant
le coucher du soleil. Je vois un groupe de personnes
assises sur le sable, qui rient et plaisantent. Ils ont
l'air de passer un bon moment. Je m'approche d'eux
et leur demande si je peux les rejoindre. Ils acceptent
et nous passons le reste de la soirée à parler, à rire
et à regarder le **coucher de soleil**. C'est une soirée
parfaite. Le groupe et moi parlons jusqu'au coucher du
soleil. Nous partageons des histoires et des blagues,
et nous passons tous un bon moment. À la tombée de
la nuit, nous commençons tous à nous sentir fatigués.
Nous nous embrassons et nous nous séparons.

Preguntas de comprensión

1. ¿Dónde va la narradora después de despertar?

2. ¿Qué admira la narradora mientras camina por la playa?

3. ¿De qué tiene que cuidarse la narradora mientras camina por la playa?

4. ¿Dónde se sienta el narrador para disfrutar de la vista?

5. ¿Cuánto tiempo está el narrador sentado allí?

6. ¿A quién ve la narradora cuando vuelve a abrir los ojos?

7. ¿Qué dice la madre del narrador?

8. ¿De qué hablan la narradora y las personas que conoce?

Questions de compréhension

1. Où va la narratrice après son réveil ?

2. Qu'est-ce que la narratrice admire en marchant le long de la plage ?

3. De quoi la narratrice doit-elle se méfier lorsqu'elle marche le long de la plage ?

4. Où le narrateur s'assoit-il pour profiter de la vue ?

5. Combien de temps le narrateur reste-t-il assis là ?

6. Qui la narratrice voit-elle lorsqu'elle ouvre à nouveau les yeux ?

7. Que dit la mère du narrateur ?

8. De quoi parlent la narratrice et les personnes qu'elle rencontre ?

Acampada en el lago

Camino hacia el lago, **admirando la** tranquilidad de la escena. El sol pega en el pequeño lago, haciendo que el agua parezca una lámina de cristal. El único movimiento es el de los peces que **rompen** la superficie. Incluso los pájaros parecen descansar del calor, y sólo el sonido de las cigarras llena el aire. **De repente, la** paz se rompe con un fuerte chapoteo. Un gran **pez** ha saltado fuera del agua, intentando atrapar una libélula. El pez no alcanza su objetivo y cae de nuevo al agua con un chapoteo. "¡Vaya!", pienso para mis adentros, "¡ese era un pez grande!". Miro a mi alrededor para ver si alguien más lo ha visto, pero no hay nadie. Supongo que tendré que contarlo cuando vuelva al campamento.

El calor es **agobiante** y dificulta la respiración. El aire es espeso y pesado, como una manta que te envuelve. El único alivio es el agua. Es fresca y refrescante, como una bebida fría en un día caluroso. Respiro profundamente y me sumerjo en el agua. El alivio es inmediato cuando el agua fresca me rodea. Nado hasta el fondo y luego vuelvo a la superficie, sintiendo que el agua refresca mi cuerpo. Sigo **nadando**, disfrutando del respiro del calor. Después de un rato, salgo del agua y me tumbo en la hierba, dejando que el sol me

Camping au lac

Je me dirige vers le lac, **admirant** la tranquillité de la scène. Le soleil tape sur le petit lac, faisant ressembler l'eau à une feuille de verre. Le seul mouvement est l'ondulation occasionnelle d'un poisson **brisant la surface**. Même les oiseaux semblent prendre une pause de la chaleur, avec seulement le son des cigales remplissant l'air. **Soudain**, la paix est rompue par un grand plouf. Un gros **poisson** a sauté hors de l'eau, essayant d'attraper une libellule. Le poisson rate sa cible et retombe dans l'eau avec un plouf. "Wow," je me dis, "c'était un gros poisson !". J'ai regardé autour de moi pour voir si quelqu'un d'autre l'avait vu, mais il n'y avait personne. Je suppose que je devrai leur dire quand je rentrerai au camp.

La chaleur est **oppressante**, il est difficile de respirer. L'air est épais et lourd, comme une couverture qui vous enveloppe. Le seul soulagement est dans l'eau. Elle est fraîche et rafraîchissante, comme une boisson fraîche par une journée chaude. Je prends une profonde inspiration et je plonge dans l'eau. Le soulagement est immédiat car l'eau fraîche m'entoure. Je nage jusqu'au fond, puis remonte à la surface, sentant l'eau refroidir mon corps. Je continue à **faire** des longueurs, appréciant le répit de la chaleur. Après un moment,

seque el cuerpo. Cierro los ojos y me duermo, el sonido de las **cigarras** me arrulla en un profundo sueño. Dejo que el sol me quite el agua de la piel. Siento que mi piel se enrojece, pero no me importa. Lo siguiente que sé es que el sol se está poniendo. El cielo es de un hermoso color naranja, con vetas de color rosa y púrpura. El calor ha desaparecido y ha sido sustituido por una **brisa** fresca.

Me levanto y me vuelvo a poner la ropa, sintiéndome renovada y rejuvenecida. **Respiro** profundamente el aire fresco y sonrío. Se siente bien estar vivo. Vuelvo al campamento, admirando la forma en que los colores bailan en el cielo. Veo la hoguera que arde a lo lejos y huelo el humo en el aire. Sonrío y **acelero el** paso. Estoy lista para relajarme y disfrutar del resto de la noche. Entro en el campamento y veo que todos están reunidos alrededor del fuego. **Ríen** y bromean, y puedo ver el fuego reflejado en sus ojos. Sonrío y me siento junto a mis amigos. Es bueno estar de vuelta. A la mañana siguiente, me despierto temprano y empiezo a recoger mis cosas. Estoy ansioso por volver a la ruta y continuar mi viaje. Me despido de mis amigos y empiezo a caminar. Mientras camino, echo un último vistazo al **campamento**. Veo que el fuego sigue ardiendo a lo lejos y puedo oler el humo en el aire. Sonrío y acelero el paso. Estoy listo para continuar mi **viaje**.

je sors de l'eau et je m'allonge sur l'herbe, laissant le soleil sécher mon corps. Je ferme les yeux et m'endors, le son des **cigales** me berce dans un profond sommeil. Je laisse le soleil faire sortir l'eau de ma peau. Je sens que ma peau devient rouge, mais je m'en moque. J'ai trop chaud pour m'en soucier. La prochaine chose que je sais, c'est que le soleil se couche. Le ciel est d'un bel orange, avec des traces de rose et de violet. La chaleur a disparu, remplacée par une **brise** fraîche.

Je me lève et me rhabille, me sentant rafraîchie et rajeunie. Je **respire** profondément l'air frais et je souris. C'est bon d'être en vie. Je retourne au camping, en admirant la façon dont les couleurs dansent dans le ciel. Je peux voir le feu de camp qui brûle au loin et je peux sentir la fumée dans l'air. Je souris et j'**accélère le** pas. Je suis prête à me détendre et à profiter du reste de ma soirée. J'entre dans le camping et je vois que tout le monde est rassemblé autour du feu. Ils **rient** et plaisantent, et je peux voir le feu se refléter dans leurs yeux. Je souris et m'assieds à côté de mes amis. C'est bon d'être de retour. Le lendemain matin, je me réveille tôt et je commence à préparer mes affaires. J'ai hâte de retourner sur le sentier et de poursuivre mon voyage. Je dis au revoir à mes amis et commence à m'éloigner. En marchant, je jette un dernier regard sur le **camping**. Je peux voir le feu qui brûle toujours au loin et je peux sentir la fumée dans l'air. Je souris et j'accélère le pas. Je suis prêt à poursuivre mon **voyage**.

Preguntas de comprensión

1. ¿Dónde va el caminante?

2. ¿Qué tiempo hace?

3. ¿Qué aspecto tiene el agua?

4. ¿Cómo reacciona el caminante al calor?

5. ¿Qué hace el pez?

6. ¿Por qué el caminante está solo?

7. ¿Cómo se siente el agua?

8. ¿Cómo se siente el caminante después de nadar?

9. ¿A qué hora del día se despierta el caminante?

10. ¿Adónde va el caminante cuando sale del campamento?

Questions de compréhension

1. Où va le marcheur ?

2. Quel temps fait-il ?

3. À quoi ressemble l'eau ?

4. Comment le marcheur réagit-il à la chaleur ?

5. Que fait le poisson ?

6. Pourquoi le marcheur est-il seul ?

7. Quelle est la sensation de l'eau ?

8. Comment le marcheur se sent-il après avoir nagé ?

9. A quelle heure de la journée le déambulateur se réveille-t-il ?

10. Où va le marcheur quand il quitte le camp ?

La Casa

Me mudé a mi nueva casa la semana pasada y estoy muy **emocionada**. Es mucho más grande que la anterior y tiene un gran patio trasero. Me muero de ganas de tener amigos en casa para hacer barbacoas y fiestas. Mi parte favorita es mi nuevo dormitorio. Es muy grande y luminosa, y tengo mucho espacio para poner todas mis cosas. Estoy muy contenta con mi nueva casa y creo que seré muy feliz aquí. Decidí explorar la casa un poco más. Subí al segundo piso y empecé a dirigirme a la cocina cuando vi una gran araña negra en la pared. Grité y corrí escaleras abajo. Estaba muy **asustada**. Pero después de unos minutos, me calmé y decidí volver a subir. Me dirigí lentamente a la cocina y vi que la araña había desaparecido. Me sentí muy aliviada. Volví a bajar las escaleras y decidí salir a explorar el **patio trasero**. Era tan grande. No me lo podía creer. Vi un columpio en la esquina y un tobogán. También vi una red de baloncesto y una **cama elástica**. Estaba muy emocionada.

No puedo esperar a usar todas estas cosas nuevas. Los **vecinos** vinieron y se presentaron. Parecían muy simpáticos y estuvimos hablando un rato. Me invitaron a su barbacoa el próximo fin de semana y les dije que me encantaría ir. He pasado una primera semana estupenda en mi nueva casa, y estoy entusiasmada con todas las nuevas aventuras que me esperan. Hoy

La Maison

J'ai emménagé dans ma nouvelle maison la semaine dernière, et je suis si **excitée** ! Elle est tellement plus grande que l'ancienne, et elle a un grand jardin. J'ai hâte d'inviter des amis pour des barbecues et des fêtes. Ce que je **préfère,** c'est ma nouvelle chambre. Elle est si grande et lumineuse, et j'ai beaucoup d'espace pour mettre toutes mes affaires. Je suis très contente de ma nouvelle maison et je pense que je serai très heureuse ici. J'ai décidé d'explorer un peu plus la maison. Je suis monté au deuxième étage et j'ai commencé à me diriger vers la cuisine quand j'ai vu une grosse araignée noire sur le mur ! J'ai crié et j'ai couru en bas. J'avais tellement **peur** ! Mais après quelques minutes, je me suis calmée et j'ai décidé de retourner à l'étage. J'ai lentement fait mon chemin vers la cuisine et j'ai vu que l'araignée était partie. J'étais tellement soulagée ! Je suis redescendu et j'ai décidé de sortir pour explorer le **jardin**. Elle était si grosse ! Je n'arrivais pas à y croire. J'ai vu une balançoire dans le coin et un toboggan. J'ai aussi vu un filet de basket et un **trampoline**. J'étais tellement excitée!

J'ai hâte d'utiliser tous ces nouveaux trucs. Les **voisins** sont venus et se sont présentés. Ils avaient l'air très gentils, et nous avons parlé un moment. Ils m'ont invité à leur barbecue le week-end prochain, et j'ai dit que j'aimerais beaucoup venir. J'ai passé une excellente

voy a ir a explorar de nuevo en el patio trasero y ver qué más puedo encontrar. Quién sabe, quizá encuentre algún **tesoro**. Estoy deseando ver lo que me depara la próxima semana. A la semana siguiente, volví a explorar el patio trasero y encontré un jardín secreto. Era muy bonito. Había flores por todas partes y un pequeño estanque con peces. También vi un columpio que no había visto antes. Me emocioné mucho al encontrar este jardín secreto, y no puedo esperar a explorarlo más. Era muy **bonito**.

Había flores por todas partes y un pequeño estanque con peces. También vi un **columpio** que no había visto antes. Me emocionó mucho encontrar este jardín secreto y estoy deseando explorarlo más. También me encantó mi nueva habitación. Era tan grande y luminosa, y ya había pósters de mis grupos favoritos en las paredes. Ni siquiera tuve que traer mis propios **muebles** porque ya había una cama, una cómoda y un escritorio. ¡Este va a ser el mejor año de todos! Estaba un poco nerviosa por empezar en una nueva **escuela**, pero todos mis nuevos vecinos han sido muy amables. Incluso he conocido a una chica que vive en la puerta de al lado y dice que me acompañará al colegio el primer día.

première semaine dans ma nouvelle maison et j'ai hâte de vivre toutes les nouvelles aventures qui m'attendent. Aujourd'hui, je vais encore aller explorer le jardin et voir ce que je peux trouver d'autre. Qui sait, peut-être vais-je même trouver un **trésor**. J'ai hâte de voir ce que la semaine prochaine nous réserve ! La semaine suivante, je suis retourné explorer le jardin et j'ai trouvé un jardin **secret**. C'était tellement beau ! Il y avait des fleurs partout et un petit étang avec des poissons dedans. J'ai aussi vu une balançoire que je n'avais jamais vue auparavant. J'étais si excitée de trouver ce jardin secret, et j'ai hâte de l'explorer davantage. C'était tellement **beau** !

Il y avait des fleurs partout et un petit étang avec des poissons dedans. J'ai aussi vu une **balançoire** que je n'avais jamais vue auparavant. J'étais si excitée de trouver ce jardin secret, et j'ai hâte de l'explorer davantage. J'ai aussi adoré ma nouvelle chambre. Elle était si grande et lumineuse, et il y avait déjà des posters de mes groupes préférés sur les murs. Je n'ai même pas eu besoin d'apporter mes propres **meubles** car il y avait déjà un lit, une commode et un bureau. Ça va être la meilleure année de ma vie ! J'étais un peu nerveux à l'idée de commencer dans une nouvelle **école**, mais tous mes nouveaux voisins ont été si gentils. J'ai même rencontré une fille qui habite à côté et elle m'a dit qu'elle m'accompagnerait à l'école le premier jour.

Preguntas de comprensión

1. ¿Dónde vive la persona?

2. ¿Qué le parece la persona en la nueva casa?

3. ¿Cuál es la parte favorita de la persona en la nueva casa?

4. ¿Qué encontró la persona en el jardín?

5. ¿Quiénes son los vecinos?

6. ¿Cómo fueron los primeros días de la persona en la nueva casa?

7. ¿Cuál es la parte favorita de la persona en la nueva habitación?

8. ¿Qué piensa hacer la persona mañana?

9. ¿Qué fue lo mejor de la primera semana de la persona en la nueva casa?

Questions de compréhension

1. Où vit la personne ?

2. Comment la personne se sent-elle dans sa nouvelle maison ?

3. Quelle est la partie de la nouvelle maison que la personne préfère ?

4. Qu'est-ce que la personne a trouvé dans le jardin ?

5. Qui sont les voisins ?

6. Comment se sont passés les premiers jours de la personne dans sa nouvelle maison ?

7. Quelle est la partie de la nouvelle pièce que la personne préfère ?

8. Qu'est-ce que la personne prévoit de faire demain ?

9. Quelle a été la meilleure partie de la première semaine de la personne dans sa nouvelle maison ?

En el tren

Corrí a la estación de tren, pero llegué demasiado tarde. El tren ya había partido sin mí. Me sentí muy **enfadada** y **decepcionada** conmigo misma. Había planeado coger el tren para visitar a mis abuelos, que viven en el campo, pero ahora tendría que esperar una hora entera al siguiente tren. Decidí pasear un rato por la ciudad y tratar de olvidar la oportunidad perdida. Mientras caminaba, empecé a **soñar** con todos los lugares a los que te puede llevar **el tren**. De repente, ya no estaba tan molesto. Vuelvo a la estación y no puedo evitar fijarme en la gran locomotora roja, blanca y azul que se dirige hacia mí. No es hasta que veo al **revisor** saludándome desde la ventanilla cuando me doy cuenta de que ese tren es para mí. Subo al tren y encuentro mi asiento, acomodándome para lo que promete ser un largo viaje.

Mientras salimos de la estación, no puedo evitar preguntarme a dónde me llevará este tren. A través de **campos** verdes y ríos azules, pasando por montañas y valles, no se sabe adónde irá este viejo tren. Cuando empieza a caer la noche, me quedo dormido, arrullado por el movimiento **rítmico** de los vagones en las vías. Cuando vuelve a amanecer, abro los ojos y veo que hemos llegado a un pequeño pueblo en medio de la nada. El sol acaba de asomar por el horizonte

Dans le train

J'ai couru jusqu'à la gare, mais c'était trop tard. Le train était déjà parti sans moi. Je me suis sentie tellement **en colère** et **déçue** de moi-même. J'avais prévu de prendre le train pour rendre visite à mes grands-parents qui vivent à la campagne, mais maintenant je devais attendre le prochain train pendant une heure entière. J'ai décidé de me promener un peu dans la ville à la place et j'ai essayé d'oublier cette occasion manquée. En marchant, j'ai commencé à **rêver à** tous les endroits où le **train** peut vous emmener. Soudain, je n'étais plus aussi contrariée. Je suis retourné dans la gare et je n'ai pu m'empêcher de remarquer la grande locomotive rouge, blanche et bleue qui se dirigeait vers moi. Ce n'est que lorsque je vois le **conducteur** me faire signe par la fenêtre que je réalise que ce train est pour moi. Je monte dans le train et trouve mon siège, m'installant pour ce qui promet d'être un long voyage.

Alors que nous sortons de la gare, je ne peux m'empêcher de me demander où ce train va m'emmener. À travers des **champs** verts et des rivières bleues, en passant par des montagnes et des vallées, on ne sait pas où ce vieux train va aller. À la tombée de la nuit, je m'endors **paisiblement**, bercé par le mouvement **rythmique** des wagons sur les rails en contrebas. Quand le matin revient, j'ouvre les yeux

mientras los lugareños empiezan a arremolinarse en la calle principal; parece un día cualquiera, excepto por una cosa: hay un gran cartel colocado cerca del Ayuntamiento que dice "¡Bienvenidos a bordo!". Parece que esta pequeña ciudad nos ha estado esperando, a pesar de que sólo somos un tren de **pasajeros** ordinario que pasa por aquí de camino a otro lugar. Mientras dejamos atrás la ciudad una vez más, avanzando hacia quién sabe dónde, sonrío al ver todas las caras amistosas que se despiden desde esas pequeñas casas enclavadas entre **los campos de cultivo;** es realmente increíble cómo algo tan aparentemente ordinario puede traer tanta alegría simplemente por pasar. Y luego, por supuesto, están los **niños**.

Me asomo a la ventana de mi locomotora. Siempre me hacen sentir muy feliz con sus ojos brillantes y sus grandes sonrisas. Les devuelvo el saludo con energía antes de volver a mi **cabina** y tomar asiento. Ya ha sido un día muy largo, pero aún no ha terminado; todavía faltan algunas horas para llegar a nuestro **destino final**. Saco mi libro y empiezo a leer, dejando que el rítmico balanceo del tren me adormezca.

pour constater que nous sommes arrivés dans une petite ville quelque part au milieu de nulle part. Le soleil pointe à peine à l'horizon et les habitants commencent à s'agiter dans la rue principale ; c'est un jour comme les autres ici, à l'exception d'une chose : il y a un grand panneau près de l'hôtel de ville qui dit "Bienvenue à bord". Il semble que cette petite ville nous attendait, même si nous ne sommes qu'un train de **voyageurs** ordinaire qui passe par là pour aller ailleurs. Alors que nous laissons la ville derrière nous une fois de plus, en direction d'on ne sait où, je souris à tous les visages amicaux qui nous saluent depuis ces petites maisons nichées au milieu des **terres agricoles - c**'est vraiment étonnant de voir comment quelque chose d'apparemment si ordinaire peut apporter tant de joie simplement en passant par là. Et puis, bien sûr, il y a les **enfants**.

Je me penche par la fenêtre de ma locomotive. Ils me rendent toujours si heureux avec leurs yeux brillants et leurs grands sourires. Je leur fais un signe de la main énergique avant de retourner dans ma **cabine** et de m'asseoir. La journée a déjà été longue, mais elle n'est pas encore terminée ; il reste encore quelques heures avant d'atteindre notre **destination** finale. Je sors mon livre et commence à lire, laissant le balancement rythmique du train me bercer dans un état paisible.

Preguntas de comprensión

1. ¿A dónde va el tren?

2. ¿Quién viaja en el tren?

3. ¿Cuándo sale el tren?

4. ¿Cómo sube el protagonista al tren?

5. ¿De dónde viene el tren?

6. ¿Adónde va el tren ahora?

7. ¿Cuándo llegaron los pasajeros?

8. ¿Cómo se siente el protagonista cuando pierde el tren?

9. ¿Cómo reacciona el conductor del tren cuando ve al protagonista?

10. ¿Por qué le gustan los trenes al protagonista?

Questions de compréhension

1. Où va le train ?

2. Qui voyage dans le train ?

3. Quand le train part-il ?

4. Comment le protagoniste monte-t-il dans le train ?

5. D'où vient le train ?

6. Où le train va-t-il ensuite ?

7. Quand les passagers sont-ils arrivés ?

8. Que ressent le protagoniste lorsqu'il rate le train ?

9. Comment le conducteur du train réagit-il lorsqu'il voit le protagoniste ?

10. Pourquoi le protagoniste aime-t-il les trains ?

Cocinar la cena

Son las 5 de la tarde y estoy volviendo a casa desde el trabajo. Estoy **deseando pasar** una noche tranquila en casa con mi pareja. Prepararemos la cena juntos y luego nos relajaremos el resto de la noche. Me siento bien al saber que no tengo ningún plan ni obligación esta **noche**. Llego a casa y mi pareja ya está en la cocina, empezando a preparar nuestra cena. Huele **de maravilla**. Charlamos mientras cocinamos, poniéndonos al día y compartiendo pequeñas historias de nuestras vidas laborales. La cocina es mi habitación favorita de nuestro apartamento. Me encanta cocinar, y sobre todo cocinar con mi pareja. Siempre nos lo pasamos muy bien aquí, riendo y bromeando mientras cocinamos. Además, la comida siempre es **increíble** cuando trabajamos **juntos**.

Esta noche vamos a preparar una de mis recetas favoritas: **pollo** a la parmesana. Mi pareja empieza a empanar el pollo mientras yo pongo la salsa a hervir a **fuego** lento. Trabajamos juntos como una máquina bien engrasada y, en poco tiempo, la cena está lista para servir. Nos sentamos en nuestra pequeña mesa de cocina con **platos llenos** de pollo a la parmesana, pasta y ensalada. Brindamos por los vasos y damos el primer bocado, ¡y es **celestial**! El pollo está crujiente

Cuisiner le dîner

Il est 17 heures et je rentre à pied du travail. J'ai **hâte** de passer une soirée tranquille à la maison avec mon partenaire. Nous allons préparer le dîner ensemble et nous détendre pour le reste de la nuit. C'est agréable de savoir que je n'ai aucun projet ni aucune obligation ce **soir**. J'arrive à la maison et mon partenaire est déjà dans la cuisine, en train de préparer notre dîner. Ça sent **très bon** ici ! Nous bavardons tout en cuisinant, prenant des nouvelles de nos journées respectives et partageant des petites histoires de nos vies professionnelles. La cuisine est ma pièce préférée dans notre appartement. J'adore cuisiner, et j'aime particulièrement cuisiner avec mon partenaire. Nous passons toujours un bon moment ici, à rire et à plaisanter pendant que nous cuisinons. De plus, la nourriture est toujours **incroyable** lorsque nous travaillons **ensemble**.

Ce soir, nous faisons l'une de mes recettes préférées : le **poulet au** parmesan. Mon partenaire commence par paner le poulet pendant que je fais mijoter la sauce sur la **cuisinière**. Nous travaillons ensemble comme une machine bien huilée, et en peu de temps, le dîner est prêt à être servi. Nous nous asseyons à notre petite table de cuisine avec des **assiettes** remplies de poulet

por fuera pero jugoso por dentro; la salsa es sabrosa y perfecta; la pasta está cocida al dente... todo sabe absolutamente perfecto esta noche. Los dos sabemos que esta fue una de esas noches en las que todo salió a la perfección mientras **saboreamos** hasta el último bocado de nuestra deliciosa comida. Sabía incluso mejor de lo que olía, ¡que era muy bueno! Terminamos la comida con relativa rapidez, ya que ninguno de los dos tiene especial hambre hoy, pero nos tomamos nuestro tiempo para disfrutar de unas cuantas **copas** de vino más mientras charlamos ligeramente sobre este y aquel tema. Después de la cena, limpiamos juntos rápidamente y nos trasladamos al salón, donde pasamos un rato **acurrucados** en el sofá mientras vemos la televisión.

Es tan agradable estar cerca el uno del otro después de un largo día **de trabajo** separados. Me siento satisfecha. Aunque no tuvimos una noche agitada, fue agradable pasar un tiempo juntos sin tener que salir de casa. Vimos una película y nos fuimos a la cama temprano, **satisfechos** de nuestra sencilla noche. Esto se ha convertido en una de nuestras actividades **favoritas** en las noches en las que no queremos salir: relajarnos en casa y disfrutar de la compañía del otro con una comida casera.

au parmesan, de pâtes et de salade. Nous faisons tinter les verres et prenons notre première bouchée - et c'est **divin** ! Le poulet est croustillant à l'extérieur mais juteux à l'intérieur ; la sauce est savoureuse et parfaite ; les pâtes sont cuites al dente... tout a un goût absolument parfait ce soir. Nous savons tous les deux que c'était l'une de ces nuits où tout s'est parfaitement réuni alors que nous **savourons** chaque bouchée de notre délicieux repas. Le goût était encore meilleur que l'odeur, qui était sacrément bonne ! Nous terminons notre repas assez rapidement car aucun de nous n'a particulièrement faim aujourd'hui, mais nous prenons notre temps en dégustant quelques **verres** de vin supplémentaires tout en discutant légèrement de tel ou tel sujet. Après le dîner, nous nettoyons rapidement ensemble et passons au salon, où nous passons un moment à **nous câliner** sur le canapé en regardant la télévision.

C'est tellement agréable d'être près l'un de l'autre après une longue journée de **travail** séparé. Je me sens satisfaite. Même si la soirée n'a pas été très animée, c'était agréable de passer du temps ensemble sans avoir à quitter la maison. Nous avons regardé un film et nous nous sommes couchés tôt, **satisfaits** de notre simple soirée. C'est devenu l'une de nos activités **préférées** les soirs où nous n'avons pas envie de sortir - se détendre à la maison et profiter de la compagnie de l'autre autour d'un repas fait maison.

Preguntas de comprensión

1. ¿De dónde viene el narrador?

2. ¿Qué hace el narrador después del trabajo?

3. ¿Qué cena el narrador?

4. ¿Por qué le gusta la cocina al narrador?

5. ¿Qué tipo de plato cocina la pareja?

6. ¿Cómo se siente el narrador al final de la noche?

7. ¿Qué es lo que más le gusta hacer a la pareja?

8. ¿Qué hace la pareja cuando se cansa?

9. ¿Dónde duermen?

10. ¿Por qué al narrador le gusta quedarse en casa?

Questions de compréhension

1. D'où vient le narrateur ?

2. Que fait le narrateur après le travail ?

3. Que mange le narrateur pour le dîner ?

4. Pourquoi le narrateur aime-t-il la cuisine ?

5. Quel genre de plat le couple cuisine-t-il ?

6. Que ressent le narrateur à la fin de la soirée ?

7. Quelle est l'activité préférée du couple ?

8. Que fait le couple quand il est fatigué ?

9. Où dorment-ils ?

10. Pourquoi le narrateur aime-t-il rester à la maison ?

Caminando a casa

Era una noche **tranquila mientras volvía** a casa
desde el trabajo. Mientras caminaba, no pude evitar
sonreír ante los recuerdos. Me sentí bien al volver a mi
antiguo barrio. Saludé a algunos conocidos y ellos me
devolvieron el saludo. Era bueno estar en casa. Pasé
por delante de mi antigua escuela y **recordé** todos los
buenos momentos que pasé con mis amigos. Siempre
íbamos juntos a casa y hablábamos de nuestro día. **A
veces** nos parábamos a tomar un helado o íbamos al
parque. Eran los mejores momentos. Echo de menos
esos momentos. Pero ahora tengo mi propia familia
y soy feliz con mi vida. Me alegro de poder recordar
esos momentos y sonreír. Son una parte de mi vida que
siempre apreciaré. Fueron los mejores tiempos. Echo
de menos esos tiempos. Pero ahora tengo mi propia
familia y soy feliz con mi vida. Me alegro de poder
recordar esos **momentos** y sonreír. Son una parte de
mi vida que siempre apreciaré.

Sigo caminando, pensando en los buenos momentos
que pasé con mis amigos. Sé que los volveré a ver
pronto. Me dirijo hacia mi casa y decido pasear por
un parque cercano. El sol se está poniendo y el cielo
se está volviendo de un **hermoso color** naranja. El
parque está vacío, a excepción de algunos pájaros

Walking Home

C'était une nuit **paisible** alors que je rentrais du travail. En marchant, je ne pouvais m'empêcher de sourire aux souvenirs. C'était bon d'être de retour dans mon ancien quartier. J'ai salué quelques personnes que je connaissais, et elles m'ont salué en retour. C'était bon d'être chez soi. Je suis passé devant mon ancienne école et je **me suis souvenu de** tous les bons moments que j'ai passés avec mes amis. On rentrait toujours ensemble à la maison et on parlait de notre journée. **Parfois,** on s'arrêtait pour acheter une glace ou aller au parc. C'était les meilleurs moments. Ces moments me manquent. Mais maintenant, j'ai ma propre famille et je suis heureuse de ma vie. Je suis heureux de pouvoir repenser à ces souvenirs et de sourire. Ils font partie de ma vie et je les chérirai toujours. C'était les meilleurs moments. Ils me manquent. Mais maintenant, j'ai ma propre famille et je suis heureux de ma vie. Je suis heureux de pouvoir repenser à ces **souvenirs** et de sourire. Ils font partie de ma vie et je les chérirai toujours.

Je continue à marcher, en pensant aux bons moments que j'ai passés avec mes amis. Je sais que je les reverrai bientôt. Je me dirige vers ma maison et décide de me promener dans un parc à proximité. Le soleil se

que cantan en los árboles. **Respiro** profundamente y sonrío. Mientras camino por el parque, veo una estrella fugaz que atraviesa el cielo. Pido un deseo a esa estrella y sigo caminando. Pienso en mi día de trabajo y en lo **tranquilo que** ha sido. Sonrío para mis adentros, pensando en la suerte que tengo de tener un trabajo tan bueno. Vuelvo a casa, **sintiendo** el aire fresco de la noche en mi piel. Me siento tan viva y feliz, disfrutando del simple hecho de volver a casa en una noche tranquila.

Me sentí tan bien que empecé a **silbar**. Pasé por delante de algunas personas en la calle, pero todas estaban ocupadas en sus propios asuntos.

Doblé la esquina de mi calle y vi al gato de mi vecino, el Sr. Bigotes, sentado en mi porche. Le saludé y me devolvió el maullido. **Abrí** la puerta y entré. Estaba muy contenta de estar en casa. Me quité los zapatos y me preparé para ir a la cama. Esa noche me acosté feliz y agradecida, con el corazón lleno de amor. Dormí profundamente toda la noche, sin preocuparme por nada. Me desperté de un sueño reparador y **me recibió** el sol que entraba por la ventana. Me levanté de la cama y me estiré, respirando profundamente y sintiendo cómo el aire fresco llenaba mis pulmones.

couche et le ciel prend une **belle** couleur orange. Le parc est vide, à l'exception de quelques oiseaux qui gazouillent dans les arbres. Je prends une profonde **inspiration** et je souris. Alors que je marche dans le parc, je vois une étoile filante traverser le ciel. J'ai fait un vœu sur cette étoile et j'ai continué à marcher. Je pense à ma journée de travail et au **calme qui** y régnait. Je souris à moi-même, en pensant à la chance que j'ai d'avoir un si bon travail. Je rentre chez moi, en **sentant l'**air frais de la nuit sur ma peau. Je me sens si vivante et heureuse, profitant du simple fait de rentrer chez moi par une nuit paisible. Je me sentais si bien que j'ai commencé à **siffler**. Je suis passé devant quelques personnes dans la rue, mais elles s'occupaient toutes de leurs affaires.

J'ai tourné le coin de ma rue et j'ai vu le chat de mon voisin, M. Whiskers, assis sur mon porche. Je lui ai dit bonjour et il miaulait en retour. J'ai **déverrouillé** ma porte et je suis entrée. J'étais si heureuse d'être chez moi. J'ai enlevé mes chaussures et me suis préparée pour aller me coucher. Je me suis couchée ce soir-là, heureuse et reconnaissante, le cœur plein d'amour. J'ai dormi profondément toute la nuit, sans me soucier de rien. Je me suis réveillée d'un sommeil réparateur et j'ai été **accueillie** par le soleil qui brillait à travers ma fenêtre. Je suis sorti du lit et me suis étiré, prenant une profonde inspiration et sentant l'air frais remplir mes poumons.

Preguntas de comprensión

1. ¿Qué hacía el protagonista cuando empezó la historia?

2. ¿En qué pensaba el protagonista cuando volvía a casa?

3. ¿Qué solía hacer el protagonista con sus amigos después del colegio?

4. ¿Qué echa de menos el protagonista de aquellos tiempos?

5. ¿Qué piensa el protagonista de su vida actual?

6. ¿Qué hace el protagonista cuando ve una estrella fugaz?

7. ¿Cómo se siente el protagonista cuando vuelve a casa?

8. ¿Qué hace el protagonista al llegar a casa?

9. ¿Cómo se siente el protagonista cuando se despierta a la mañana siguiente?

10. ¿Qué hace el protagonista al día siguiente?

Questions de compréhension

1. Que faisait le protagoniste au début de l'histoire ?

2. À quoi le protagoniste a-t-il pensé en rentrant chez lui ?

3. Qu'est-ce que le protagoniste avait l'habitude de faire avec ses amis après l'école ?

4. Qu'est-ce que le protagoniste regrette de cette époque ?

5. Que pense le protagoniste de sa vie actuelle ?

6. Que fait le protagoniste lorsqu'il voit une étoile filante ?

7. Que ressent le protagoniste lorsqu'il rentre à pied chez lui ?

8. Que fait le protagoniste lorsqu'il rentre chez lui ?

9. Que ressent le protagoniste lorsqu'il se réveille le lendemain matin ?

10. Que fait le protagoniste le lendemain ?

El castillo

La familia siempre había querido visitar un antiguo castillo en **Alemania,** y finalmente hicieron el viaje. No **les decepcionó**. El castillo era precioso y disfrutaron explorando sus numerosas habitaciones y pasillos. Lo primero que les llamó la atención fue el olor. Encontraron **moho**, humedad y algo más que no pudieron determinar. Lo segundo fue el sonido. Las paredes de piedra son gruesas, pero no amortiguan el sonido por completo. Oyeron cada paso, cada palabra pronunciada con voz normal y el ocasional goteo de agua en **algún lugar** de la distancia. Cuando sus ojos se adaptaron a la escasa luz, vieron que a su alrededor se alzaban enormes muros de piedra, de los que colgaban tapices **hechos jirones**. Se encontraban en un enorme salón con un alto techo sostenido por pilares tallados. También les encantaron las vistas desde las torretas, y los niños se lo pasaron en grande corriendo por el recinto. El **sol** había empezado a ponerse cuando terminaron de explorar el castillo, y lamentaron no haber traído una **linterna**. Decidieron volver a la entrada, pero pronto se perdieron. Estuvieron dando vueltas durante horas, hasta que finalmente dieron con una puerta que conducía al exterior. Continuaron hasta **llegar** al final del pasillo y se encontraron con un imponente conjunto de puertas dobles. Por mucho

Le château

La famille avait toujours voulu visiter un vieux château en **Allemagne**, et elle a finalement fait le voyage. Ils n'ont pas été **déçus**. Le château était magnifique, et ils ont pris plaisir à explorer ses nombreuses pièces et couloirs. La première chose qui les frappe est l'odeur. Ils ont trouvé de la **moisissure**, de l'humidité et quelque chose d'autre qu'ils n'ont pas réussi à identifier. La deuxième chose a été le son. Les murs de pierre sont épais, mais ils n'étouffent pas complètement le son. Ils ont entendu chaque pas, chaque mot prononcé d'une voix normale, et le goutte-à-goutte occasionnel de l'eau **quelque part** au loin. Lorsque leurs yeux se sont adaptés à la faible lumière, ils ont vu des murs de pierre massifs se dresser tout autour d'eux, des tapisseries en **lambeaux y étant** suspendues. Ils se tenaient dans un immense hall avec un haut plafond soutenu par des piliers sculptés. Ils ont également aimé les vues depuis les tourelles, et les enfants ont eu beaucoup de plaisir à courir dans le parc. Le **soleil** avait commencé à se coucher lorsqu'ils ont fini d'explorer le château, et ils ont regretté de ne pas avoir apporté de **lampe de poche**. Ils ont décidé de retourner à l'entrée, mais ils se sont vite perdus. Ils errent pendant des heures, jusqu'à ce qu'ils trouvent enfin une porte qui mène à l'extérieur. Ils ont continué jusqu'à ce qu'ils **atteignent le** bout du

que lo intenten, las puertas no se mueven. Traquetean **siniestramente** pero no se mueven ni un centímetro. Parece que quienquiera que haya estado aquí antes debe haber pasado por aquí y haberlas cerrado desde dentro. Finalmente, encuentran una salida. El alivio los invade cuando salen al aire fresco de la noche.

El sol empezaba a ponerse y **lamentaron no haber** traído una linterna. Decidieron volver a la entrada, pero pronto se perdieron. Estuvieron dando vueltas durante horas, hasta que finalmente dieron con una puerta que conducía **al exterior**. El alivio los invadió cuando salieron al aire fresco de la noche. A la noche siguiente, se aseguraron de llevar una linterna para explorar el resto del castillo. Atravesaron el **patio** y bajaron hasta el río que corría detrás de los muros del castillo. Mientras caminaban, empezaron a oír ruidos extraños. Parecía que alguien les seguía. Aceleraron el paso, pero los ruidos eran cada vez más fuertes y cercanos. La familia corrió de vuelta al castillo tan rápido como pudo, y se sintió aliviada al ver que la figura de la capa **oscura** no les había seguido.

couloir et arrivent à une imposante série de doubles portes. Ils ont beau essayer, les portes ne bougent pas. Elles cliquettent **sinistrement** mais ne bougent pas d'un pouce. On dirait que celui qui était ici avant a dû passer par là et les verrouiller de l'intérieur. Finalement, ils ont trouvé un moyen de sortir. Le soulagement les envahit alors qu'ils sortent dans l'air frais de la nuit.

Le soleil avait commencé à se coucher, et ils **regrettaient de ne pas avoir** apporté de lampe de poche. Ils ont décidé de retourner à l'entrée, mais ils se sont vite perdus. Ils ont erré pendant ce qui leur a semblé être des heures, jusqu'à ce qu'ils trouvent enfin une porte qui menait à **l'extérieur**. Le soulagement les a envahis alors qu'ils sortaient dans l'air frais de la nuit. Le lendemain soir, ils ont pris soin d'emporter une lampe de poche pour explorer le reste du château. Ils ont traversé la **cour** et sont descendus jusqu'à la rivière qui coulait derrière les murs du **château**. Alors qu'ils se promenaient, ils ont commencé à entendre des bruits étranges. On aurait dit que quelqu'un les suivait. Ils accélèrent le pas, mais les bruits deviennent plus forts et plus proches. Les membres de la famille courent vers le château aussi vite qu'ils le peuvent, et ils sont soulagés de voir que la silhouette au manteau **sombre** ne les a pas suivis.

Preguntas de comprensión

1. ¿Qué hizo la familia cuando se perdió en el castillo?

2. ¿Cómo se sintió la familia cuando se enteró de que era sólo un hombre de la zona?

3. ¿Qué hizo el hombre para que lo detuvieran?

4. ¿Cuál fue la sentencia para el hombre?

5. ¿Qué ruido escuchó la familia mientras caminaba?

6. ¿Dónde estaba la figura de la capa oscura cuando la familia lo vio?

7. ¿Qué hizo la familia al volver a su habitación?

8. ¿Cuándo volvió la familia a explorar el castillo?

9. ¿Qué es lo que la familia no pudo determinar?

10. ¿Qué hizo la familia antes de volver a explorar el castillo?

Questions de compréhension

1. Qu'a fait la famille lorsqu'elle s'est perdue dans le château ?

2. Comment la famille s'est-elle sentie quand elle a découvert que c'était juste un homme du coin ?

3. Qu'a fait l'homme qui a été arrêté ?

4. Quelle a été la sentence pour cet homme ?

5. Quel bruit la famille a-t-elle entendu pendant qu'elle marchait ?

6. Où était le personnage au manteau sombre quand la famille l'a vu ?

7. Qu'a fait la famille en rentrant dans sa chambre ?

8. Quand la famille est-elle repartie explorer le château ?

9. Quelle était la chose sur laquelle la famille n'arrivait pas à mettre le doigt ?

10. Qu'a fait la famille avant de retourner explorer le château ?

Mi jardín

Mi jardín es mi lugar feliz. Salgo todos los días, llueva o haga sol, y me dedico a cuidar mis plantas. Tengo un poco de **todo: verduras**, frutas, flores y hierbas. Incluso tengo unas cuantas gallinas que me ayudan a mantener a raya las plagas. Empiezo mis días en el jardín recogiendo los huevos de las gallinas. Luego compruebo las verduras y me aseguro de que reciben suficiente agua y sol. Deshierbo los parterres y elimino los bichos que puedan estar **atacando** las plantas. Una vez que **todo** está resuelto, me siento a disfrutar de la paz y la tranquilidad de la naturaleza.

Siempre me ha gustado pasar tiempo en mi jardín. Hay algo en estar rodeado de la naturaleza y de toda la **belleza que** ofrece. Me parece un lugar muy tranquilo y calmado. A menudo paso tiempo en mi jardín relajándome y disfrutando del paisaje. También me gusta trabajar en mi jardín y cultivar cosas. Tengo un jardín bastante grande y me gusta cultivar **diferentes** cosas en él. Cultivo flores, **verduras** y hierbas. También tengo algunos árboles frutales que producen deliciosas manzanas, peras y ciruelas. Además de cultivar cosas, también me gusta pasar tiempo paseando por mi jardín, **admirando todas las** plantas y animales que lo llaman hogar. He pasado muchas horas a lo largo de los años

Mon jardin

Mon jardin est mon coin de paradis. J'y vais tous les jours, qu'il pleuve ou qu'il vente, et je passe du temps à m'occuper de mes plantes. J'ai un peu de **tout :** **légumes**, fruits, fleurs, herbes. J'ai même quelques poules qui m'aident à tenir les parasites à distance. Je commence mes journées dans le jardin en ramassant les œufs des poules. Puis je vérifie que mes légumes reçoivent suffisamment d'eau et de soleil. Je désherbe les plates-bandes et j'élimine les insectes qui pourraient **attaquer** les plantes. Une fois que **tout est** fait, je m'assois et je profite de la paix et du calme de la nature.

J'ai toujours aimé passer du temps dans mon jardin. Il y a quelque chose dans le fait d'être entouré par la nature et toute la **beauté qu'**elle a à offrir. Je trouve que c'est un endroit très paisible et apaisant. Je passe souvent du temps dans mon jardin à me détendre et à profiter du paysage. J'aime aussi travailler dans mon jardin et faire pousser des choses. J'ai un jardin d'assez bonne taille et j'aime y faire pousser toutes **sortes** de choses. Je fais pousser des fleurs, des **légumes** et des herbes aromatiques. J'ai aussi quelques arbres fruitiers qui produisent de délicieuses pommes, poires et prunes. En plus de faire pousser des choses, j'aime aussi passer du temps à me promener dans mon jardin,

trabajando para hacer de mi **jardín** un lugar no sólo hermoso sino también funcional. Me encanta ver a los pájaros revolotear y escucharlos cantar. A veces incluso saco un libro y leo en el jardín mientras estoy rodeada de toda la belleza que he creado. **La jardinería** es mi pasión y me da mucha alegría. Cada día en mi jardín es un buen día.

Una de las cosas que me gusta hacer es cocinar, así que tener un jardín de hierbas bien surtido es muy **importante para** mí. El tomillo, la albahaca, el orégano, el romero, la salvia y la lavanda son algunas de las hierbas que me gusta cultivar en mi jardín para poder utilizarlas cuando cocino para mí o para **mis invitados**. Otra cosa importante para mí cuando se trata de mi jardín es asegurarse de que haya mucho color en él. Para conseguirlo, cultivo una gran variedad de flores, como **rosas**, lirios, margaritas, tulipanes, impatiens, caléndulas, etc. Además de añadir color con las flores, también me gusta añadir interés utilizando diferentes **texturas** por todo el jardín. Por ejemplo, puedo plantar helechos debajo de grandes girasoles o hostas **junto a** hierbas ornamentales de punta. Independientemente de lo que me ocurra en la vida, trabajar en mi jardín siempre **me ayuda a** sentirme más conectada con la naturaleza y en paz conmigo misma.

à **admirer** toutes les plantes et tous les animaux qui y vivent. J'ai passé de nombreuses heures au fil des ans à faire de mon **jardin** un endroit non seulement beau mais aussi fonctionnel. J'aime regarder les oiseaux voltiger et les écouter chanter. Parfois, je sors même un livre et je lis dans le jardin, entourée de toute la beauté que j'ai créée. Le **jardinage** est ma passion et il m'apporte tant de joie. Chaque jour dans mon jardin est un bon jour.

L'une des choses que j'aime faire, c'est cuisiner. Il est donc très **important pour moi d'**avoir un jardin d'herbes aromatiques bien garni. Le thym, le basilic, l'origan, le romarin, la sauge et la lavande sont quelques-unes des herbes que j'aime faire pousser dans mon jardin pour pouvoir les utiliser lorsque je prépare des repas pour moi ou pour mes **invités**. Une autre chose qui est importante pour moi quand il s'agit de mon jardin, c'est de m'assurer qu'il y a beaucoup de couleurs dans tout le jardin. Pour atteindre cet objectif, je cultive une grande variété de fleurs, notamment des **roses**, des lys, des marguerites, des tulipes, des impatiens, des soucis, etc. En plus d'ajouter de la couleur avec les fleurs, j'aime aussi ajouter de l'intérêt en utilisant différentes **textures** dans le jardin. Par exemple, je peux planter des fougères sous des tournesols imposants ou des hostas à **côté de** graminées ornementales hérissées.

Preguntas de comprensión

1. ¿Dónde está el jardín del autor?

2. ¿Cuántos pollos tiene el autor?

3. ¿Qué hace el autor en el jardín cada día?

4. ¿Por qué le gusta el jardín al autor?

5. ¿Qué hierbas planta el autor en el jardín?

6. ¿Por qué es importante para el autor que haya muchos colores en su jardín?

7. ¿Cómo aporta el autor variedad a su jardín?

8. ¿Cómo se siente el autor cuando trabaja en su jardín?

9. ¿Qué hace que el autor se sienta conectado cuando está en su jardín?

10. ¿Por qué cada día en el jardín del autor es un buen día?

Questions de compréhension

1. Où se trouve le jardin de l'auteur ?

2. Combien de poulets l'auteur possède-t-il ?

3. Que fait l'auteur dans le jardin tous les jours ?

4. Pourquoi l'auteur aime-t-il le jardin ?

5. Quelles herbes l'auteur plante-t-il dans le jardin ?

6. Pourquoi est-il important pour l'auteur qu'il y ait beaucoup de couleurs dans son jardin ?

7. Comment l'auteur apporte-t-il de la variété à son jardin?

8. Que ressent l'auteur lorsqu'il travaille dans son jardin?

9. Qu'est-ce qui fait que l'auteur se sent connecté quand il est dans son jardin ?

10. Pourquoi chaque jour dans le jardin de l'auteur est-il un bon jour ?

Ir de compras

Me encanta ir **de compras** al centro comercial. Siempre es muy divertido pasear y ver todas las tiendas. Hay algo para todo el mundo en el centro comercial, y siempre es un buen lugar para encontrar ofertas en ropa, zapatos y accesorios. **Suelo** empezar mis compras por la **entrada** principal del centro comercial. Desde allí, me dirijo primero a mis tiendas favoritas. Después de mirar esas tiendas, me doy una vuelta para ver si hay rebajas en otros sitios. Suelo pasar un par de horas en el centro comercial antes de hacer mis compras. Siempre me gusta tomarme mi tiempo cuando voy de compras, **porque** quiero asegurarme de que compro **exactamente** lo que quiero. Además, así es más divertido.

Siempre me parece **fascinante** observar a la gente mientras estoy en el centro comercial. Se puede saber mucho de una persona por su forma de comprar. Algunas personas son muy metódicas y se toman su tiempo, mientras que otras parecen coger **todo lo que** pueden y dirigirse a la caja lo más rápido posible. También hay compradores que parecen más interesados en hablar por el móvil o enviar mensajes de texto que en mirar la mercancía. Sin embargo, sea cual sea el tipo de comprador, todo el mundo

Faire du shopping

J'adore aller **faire du shopping** au centre commercial. C'est toujours très amusant de se promener et de regarder tous les différents magasins. Il y en a pour tous les goûts au centre commercial et c'est toujours l'endroit idéal pour faire des affaires sur les vêtements, les chaussures et les accessoires. Je commence **généralement** mon shopping en passant par l'**entrée** principale du centre commercial. De là, je me dirige d'abord vers mes magasins préférés. Après avoir fait le tour de ces magasins, je me promène pour voir s'il y a des soldes dans d'autres endroits. Je finis généralement par passer quelques heures dans le centre commercial avant de faire mes achats. J'aime toujours prendre mon temps lorsque je fais du shopping, **car** je veux être sûre d'obtenir **exactement** ce que je veux. En plus, c'est plus amusant comme ça !

Je trouve toujours **fascinant** d'observer les gens quand je suis au centre commercial. On peut vraiment en apprendre beaucoup sur une personne par sa façon de faire ses courses. Certaines personnes sont très méthodiques et prennent leur temps, tandis que d'autres semblent prendre **tout ce qu'**elles peuvent et se diriger vers la caisse aussi vite que possible. Il y a aussi les acheteurs qui semblent plus intéressés

parece disfrutar mirando los escaparates, aunque no se compre nada. Hay algo en mirar todas las cosas bonitas de los **escaparates** que me hace feliz. A veces fantaseo con cómo sería si pudiera comprar **todo lo** que veo. En definitiva, pasar un día de compras en el centro comercial es uno de mis pasatiempos favoritos. Es una forma estupenda de relajarse y desconectar al tiempo que se hace un poco de ejercicio (si se camina lo suficiente). Además, **siempre está bien darse un** capricho con una camisa o un par de zapatos nuevos de vez en cuando.

Tuve un **largo** día de trabajo y por fin tuve algo de tiempo para mí, así que decidí ir de compras al centro comercial. Necesitaba ropa nueva para la **próxima** temporada. Nada más entrar, vi todas las luces brillantes y los escaparates relucientes. Me dirigí primero a mi tienda favorita y empecé a mirar los estantes. Encontré unos cuantos tops bonitos y me los probé en el probador. Mientras me miraba en el espejo, oí que alguien entraba en el **probador** contiguo al mío. Reconocí su voz como la de una de mis compañeras de trabajo. Nos saludamos y empezamos a charlar sobre el trabajo.

à parler au téléphone portable ou à envoyer des SMS qu'à regarder la marchandise ! Quel que soit le type d'acheteur, tout le monde semble apprécier le lèche-vitrine, même si vous n'achetez rien. Il y a quelque chose qui me rend heureuse dans le fait de regarder toutes ces jolies choses dans les **vitrines des magasins**. Parfois, je m'imagine comment ce serait si je pouvais m'offrir **tout ce que** je vois ! En fin de compte, passer une journée à faire du shopping au centre commercial est l'un de mes passe-temps favoris. C'est un excellent moyen de se détendre et de se relaxer tout en faisant un peu d'exercice (si vous marchez suffisamment). Et puis, c'est **toujours** agréable de s'offrir une nouvelle chemise ou une nouvelle paire de chaussures de temps en temps !

J'ai eu une **longue** journée de travail et j'ai enfin eu du temps pour moi, alors j'ai décidé d'aller faire du shopping au centre commercial. J'avais besoin de nouveaux vêtements pour la saison **à venir**. Dès que je suis entrée, j'ai vu toutes les lumières vives et les façades brillantes des magasins. Je me suis dirigée vers mon magasin préféré en premier et j'ai commencé à parcourir les rayons. J'ai trouvé quelques jolis hauts et les ai essayés dans la cabine d'essayage. Alors que je me regardais dans le miroir, j'ai entendu quelqu'un entrer dans la cabine d'**essayage** à côté de la mienne. J'ai reconnu sa voix comme étant celle d'un de mes collègues de travail.

Preguntas de comprensión

1. ¿Dónde le gusta más almacenar?

2. ¿Cuál es su tienda favorita en el centro comercial?

3. ¿Cuánto tiempo suele permanecer en el centro comercial?

4. ¿Qué opinas de la gente que pasa mucho tiempo en el centro comercial? 5. ¿Qué es lo que más te gusta hacer en el centro comercial?

6. ¿Alguna vez has comprado algo en el centro comercial cuando realmente no lo necesitabas?

7. ¿Cómo reaccionas cuando ves en el centro comercial algo que te gustaría mucho, pero es demasiado caro?

8. ¿Alguna vez has visto algo en el centro comercial y te has preguntado quién lo compraría?

9. ¿Qué opinas de las personas que están ocupadas con sus teléfonos móviles en el centro comercial en lugar de mirar las tiendas?

Questions de compréhension

1. Où aimez-vous le plus stocker ?

2. Quel est votre magasin préféré dans le centre commercial ?

3. Combien de temps restez-vous habituellement au centre commercial ?

4. Que pensez-vous des personnes qui passent beaucoup de temps au centre commercial ?

5. Quelle est votre activité préférée au centre commercial ?

6. Avez-vous déjà acheté quelque chose au centre commercial alors que vous n'en aviez pas vraiment besoin ?

7. Comment réagissez-vous lorsque vous voyez au centre commercial un article que vous aimeriez vraiment, mais qui est trop cher ?

8. Avez-vous déjà vu quelque chose au centre commercial en vous demandant qui l'achèterait ?

9. Que pensez-vous des personnes qui sont occupées avec leur téléphone portable dans les centres commerciaux au lieu de regarder les magasins ?

En el mercado

Me levanto temprano el sábado por la mañana, ansiosa por llegar al **mercado** antes de que se llene de gente. Me pongo algo de ropa y salgo por la puerta, cogiendo mis bolsas reutilizables por el camino. Mientras camino, empiezo a planear lo que quiero hacer para la semana que viene. Sé que quiero **asar** verduras al menos una vez, así que tendré que comprar verduras de buena calidad. También quiero hacer una sopa o un guiso, así que también tendré que comprar carne. Tendré que ver qué tiene buena pinta cuando llegue allí. El mercado está a unas pocas manzanas y ya veo los puestos instalados y la **gente** arremolinada.

Llego al mercado y me dirijo directamente al puesto de verduras. La selección es preciosa y lleno mis bolsas con una gran variedad de productos **frescos**. Hablo un rato con el agricultor y me recomienda algunas recetas. Estoy deseando probarlas. Mientras compro, charlo con los **agricultores para** conocerlos a ellos y a sus productos. Cuando tengo todas las verduras que necesito, paso a la sección de carne. Aquí estoy un poco más indecisa, ya que no estoy segura de lo que quiero comprar. Al final me decido por el pollo porque es versátil y se puede utilizar en una gran variedad de platos. También compro varios cortes de carne, asegurándome de comprar carne de vaca alimentada

Au marché

Je me réveille tôt le samedi matin, impatiente de me rendre au **marché** avant qu'il ne soit trop fréquenté. Je m'habille et je sors, en prenant mes sacs réutilisables en chemin. En marchant, je commence à planifier ce que je veux faire pour la semaine à venir. Je sais que je veux faire **rôtir des** légumes au moins une fois, donc je vais devoir acheter des légumes de bonne qualité. Je veux aussi faire une soupe ou un ragoût, et je vais donc devoir acheter de la viande. Je verrai bien ce qui me semble bon quand je serai sur place. Le marché n'est qu'à quelques rues d'ici, et je vois déjà les étals installés et les **gens qui** s'agitent.

J'arrive au marché et me dirige directement vers le stand des légumes. La sélection est magnifique, et je remplis mes sacs d'une variété de produits **frais**. Je discute un peu avec le fermier et il me recommande quelques recettes. J'ai hâte de les essayer. Je discute avec les **agriculteurs** pendant que je fais mes courses, pour apprendre à les connaître et à connaître leurs produits. Après avoir acheté tous les légumes dont j'ai besoin, je passe à la section des viandes. Je suis un peu plus hésitante, car je ne suis pas sûre de ce que je veux acheter. J'opte finalement pour du poulet, car il est polyvalent et peut être utilisé dans de nombreux plats. J'achète également quelques morceaux de

con pasto y **pollo** de corral. El carnicero era un hombre amable, siempre alegre a pesar de las largas horas de trabajo. Me envolvió las pechugas de pollo y el filete antes de charlar conmigo sobre sus planes para el fin de semana. Me despedí de él y seguí mi camino. También compré huevos y queso en la sección de productos lácteos.

El mercado bullía de gente, todos ellos ansiosos por hacerse con los productos frescos y la carne que se ofrecían. El aire huele a ajo y cebolla, y el sonido de las risas y las conversaciones llena el ambiente. Me abrí paso entre la multitud, eligiendo los demás artículos que necesitaba para mi compra semanal. Llené mi **cesta** de fruta y verdura, pasta y pan, antes de dirigirme a la caja. La cola era larga, pero avanzaba rápidamente. Por fin, compré los últimos **alimentos** y fue hora de volver a casa. Cargamos el coche y el viaje a casa fue largo y tedioso. El tráfico era intenso y el calor era agobiante. Finalmente, el coche entró en la calzada y el alivio fue palpable. La casa estaba fresca y tranquila, y era un refugio después del **ajetreo** del mercado. Todo estaba guardado y la casa pronto volvió a su tranquilidad habitual. Tenía todo lo que necesitaba para preparar unas **deliciosas** comidas para mí y para mi familia. Era bueno estar en casa.

viande différents, en veillant à prendre du bœuf nourri à l'herbe et du **poulet** élevé en plein air. Le boucher est un homme sympathique, toujours de bonne humeur malgré ses longues heures de travail. Il a emballé mes blancs de poulet et mon steak avant de me parler de ses projets pour le week-end. Je lui ai dit au revoir et j'ai continué mon chemin. J'ai également acheté des œufs et du fromage au rayon produits laitiers.

Le marché grouille de gens, tous impatients de mettre la **main sur les** produits frais et la viande proposés. L'odeur de l'ail et des oignons flottait dans l'air, et le son des rires et des conversations était omniprésent. Je me suis frayé un chemin dans la foule, en choisissant les autres articles dont j'avais besoin pour mes courses de la semaine. J'ai rempli mon **panier** de fruits et légumes, de pâtes et de pain, avant de me diriger vers la caisse. La file d'attente est longue, mais elle avance rapidement. Enfin, j'ai acheté les dernières **provisions et il est** temps de rentrer à la maison. La voiture est chargée, et le chemin du retour est long et fastidieux. La circulation est dense et la chaleur est accablante. Enfin, la voiture se gare dans l'allée et le soulagement est palpable. La maison était fraîche et calme, et c'était un havre de paix après l'**agitation** du marché. Tout a été rangé, et la maison a rapidement retrouvé sa tranquillité habituelle. J'avais tout ce dont j'avais besoin pour préparer de **délicieux** repas pour moi et pour ma famille. C'était bon d'être chez soi.

Preguntas de comprensión

1. ¿Dónde va la persona?

2. ¿Qué quiere comprar la persona?

3. ¿Cuántas bolsas tiene la persona?

4. ¿A qué distancia está el mercado?

5. ¿Qué está haciendo la persona en este momento?

6. ¿Qué es todo en el mercado?

7. ¿Cuántas personas hay en el mercado?

8. ¿Cuánto tiempo tardó la persona en comprar todo?

9. ¿Cómo se fue la persona a su casa?

10. ¿Qué hizo la persona al llegar a casa?

Questions de compréhension

1. Où va la personne ?

2. Que veut acheter la personne ?

3. Combien de sacs la personne possède-t-elle ?

4. A quelle distance se trouve le marché ?

5. Que fait la personne en ce moment ?

6. Que se passe-t-il sur le marché ?

7. Combien y a-t-il de personnes sur le marché ?

8. Combien de temps a-t-il fallu à la personne pour tout acheter ?

9. Comment la personne est-elle rentrée chez elle ?

10. Qu'a fait la personne en rentrant chez elle ?

En una cafetería

Era una fría mañana **de otoño** y había quedado con mi amiga Lily en nuestra cafetería favorita para tomar un café. Me abrigué con mi abrigo y mi bufanda y me puse en marcha. Las hojas se caían de los árboles y el aire era un poco frío, pero el sol brillaba y prometía ser un día precioso. Mientras caminaba, **pensé** en lo bueno que era tener una amiga como Lily. Éramos amigas desde hacía años, desde que nos conocimos en **la universidad**. Nos unía nuestra afición al café y a pasar tiempo charlando en las cafeterías. Aunque ahora vivíamos en zonas distintas de la ciudad, nos las arreglábamos para quedar para tomar un café una vez a la semana. Llegué a la cafetería y Lily ya estaba allí, esperándome. Nos abrazamos y pedimos nuestros cafés. Encontramos una mesa junto a la ventana y nos sentamos a charlar. El **café** estaba delicioso, como siempre, y fue muy agradable ponerse al día con Lily. Hablamos de nuestra semana, nuestros trabajos y nuestros planes para el futuro. Siempre era tan fácil hablar con Lily, y sentía que podía contarle cualquier cosa. Después de un rato, empezamos a tener hambre y **decidimos** pedir algo de comida.

Pedimos la comida y nos sentamos junto a la ventana. El sol entraba por la ventana, haciendo que todo

Dans un café

C'était un matin d'**automne** frisquet, et j'avais donné rendez-vous à mon amie Lily dans notre café préféré pour prendre un café. Je me suis enveloppée chaudement dans mon manteau et mon écharpe et je suis partie. Les feuilles tombaient des arbres et l'air était glacial, mais le soleil brillait et la journée promettait d'être magnifique. Tout en marchant, j'ai **pensé** à quel point c'était bien d'avoir une amie comme Lily. Nous étions amies depuis des années, depuis notre rencontre à l'**université**. Nous nous sommes liées par notre amour du café et du temps passé à discuter dans les cafés. Même si nous vivions dans des quartiers différents de la ville, nous nous retrouvions pour prendre un café une fois par semaine. Je suis arrivé au café, et Lily était déjà là, à m'attendre. Nous nous sommes embrassées et avons commandé nos cafés. Nous avons trouvé une table près de la fenêtre et nous nous sommes installées pour discuter. Le **café** était délicieux, comme toujours, et c'était si agréable de rattraper le temps perdu avec Lily. Nous avons parlé de notre semaine, de nos emplois et de nos projets pour l'avenir. C'était toujours si facile de parler à Lily, et j'avais l'impression que je pouvais tout lui dire. Après un moment, nous avons commencé à avoir faim et **avons décidé** de commander de la nourriture.

fuera cálido y alegre. Charlamos mientras comemos, disfrutando del simple placer de estar en **compañía** del otro. La cafetería estaba llena de gente, pero no se sentía abarrotada. Había una sensación de paz y satisfacción en el aire. Cuando terminamos nuestra comida, nos sentamos un rato más, disfrutando de la **atmósfera de** paz. Hablamos durante un rato de diferentes cosas que nos habían pasado en la vida. Fue muy agradable ponerse al día con mi amigo y **relajarse**. El sol brillaba a través de la ventana y parecía que **nada** podía arruinar nuestro día perfecto.

De repente, oí un fuerte golpe. Me di la vuelta y vi que un hombre había caído por el techo y estaba tendido en el suelo frente a nosotros. Estaba **cubierto** de polvo y escombros y parecía estar inconsciente. Mi amigo y yo nos quedamos en estado de shock mientras miramos al hombre tendido en el suelo. No sabíamos qué hacer ni a quién pedir ayuda. Nos quedamos sentados mirándole, sin saber qué hacer. Al cabo de unos minutos, me recuperé y llamé al 911. La operadora me dijo que alguien llegaría pronto. Colgué el teléfono y le conté a mi amigo lo que había dicho la operadora.

Nous avons **commandé notre** nourriture et trouvé un siège près de la fenêtre. Le soleil brillait à travers la fenêtre, rendant le tout chaleureux et joyeux. Nous avons bavardé en mangeant, appréciant le simple plaisir d'être en **compagnie de l'autre**. Le café était occupé, mais il n'y avait pas de foule. Il y avait un sentiment de paix et de satisfaction dans l'air. Après avoir terminé notre repas, nous sommes restés assis un moment de plus, profitant de l'**atmosphère** paisible. Nous avons parlé pendant un moment de différentes choses qui avaient eu lieu dans nos vies. C'était si agréable de rattraper le temps perdu avec mon ami et de **se détendre**. Le soleil brillait à travers la fenêtre, et c'était comme si **rien ne** pouvait gâcher notre journée parfaite.

Soudain, j'ai entendu un grand fracas. Je me suis retourné pour voir qu'un homme avait traversé le plafond et gisait sur le sol devant nous. Il était **couvert** de poussière et de débris et semblait être inconscient. Mon ami et moi étions tous deux sous le choc en regardant l'homme allongé sur le sol. Nous ne savions pas quoi faire ni qui appeler à l'aide. Nous sommes restés assis là, à le regarder, sans savoir quoi faire. Après quelques minutes, je me suis ressaisie et j'ai appelé le 911. L'opérateur m'a dit que quelqu'un arriverait bientôt. J'ai raccroché le téléphone et j'ai raconté à mon ami ce que l'**opérateur avait** dit.

Preguntas de comprensión

1. ¿De dónde viene el hombre que cae por el tejado?

2. ¿Por qué está la mujer con su amiga en el café?

3. ¿Cuál es el café favorito de los dos amigos?

4. ¿Desde cuándo se conocen los dos amigos?

5. ¿Cuál es la bebida favorita de los dos amigos?

6. ¿En qué ciudad viven los dos amigos?

7. ¿Con qué frecuencia se encuentran los dos amigos?

8. ¿De qué hablan los dos amigos cuando se encuentran por primera vez en su café favorito?

9. ¿Cuál es la comida favorita de los dos amigos?

10. ¿Por qué es tan fácil hablar con Lily?

Questions de compréhension

1. D'où vient l'homme qui tombe à travers le toit ?

2. Pourquoi la femme est-elle avec son ami dans le café ?

3. Quel est le café préféré des deux amis ?

4. Depuis combien de temps les deux amis se connaissent-ils ?

5. Quelle est la boisson préférée des deux amis ?

6. Dans quelle ville vivent les deux amis ?

7. Combien de fois les deux amis se rencontrent-ils ?

8. De quoi parlent les deux amis lorsqu'ils se rencontrent pour la première fois dans leur café préféré ?

9. Quel est le plat préféré des deux amis ?

10. Pourquoi c'est si facile de parler à Lily ?

Ir a nadar

La piscina siempre era un lugar **refrescante,** y hoy no era diferente. El sol brillaba y el agua parecía atractiva. Respiré profundamente y me zambullí, sintiendo el fresco abrazo del agua. Nadé un rato, disfrutando del ejercicio y de la oportunidad de despejar la cabeza. Después de un rato, salí y me sequé, y me senté en una toalla para relajarme al sol. Cerré los ojos y dejé que el **calor** me bañara, sintiendo que mis músculos empezaban a relajarse. De repente, oigo un chapoteo y abro los ojos para ver a mi hermana pequeña **remando** en la parte menos profunda. Sonreí y la observé durante un rato, luego me levanté y me acerqué a ella. Charlamos un rato y remamos juntas, disfrutando de la compañía de la otra. Pronto se unieron nuestros padres y pasamos el resto de la tarde nadando y jugando juntos. Siempre es muy agradable pasar tiempo con la familia en la piscina. Hay **algo** en el agua que parece unir a la gente. Tal vez sea porque todos somos iguales cuando estamos en el agua, no podemos ocultar nuestros defectos ni fingir lo que no somos. O tal vez porque es divertido. **Cualquiera que sea** la razón, me alegro de que hayamos podido reunirnos y disfrutar de la compañía de los demás en un lugar tan especial.

El sol golpeaba mi piel y el olor a cloro estaba en el

Aller nager

La piscine était toujours un endroit **rafraîchissant**, et aujourd'hui n'était pas différent. Le soleil brillait et l'eau semblait invitante. J'ai pris une profonde inspiration et j'ai plongé, sentant l'étreinte fraîche de l'eau. J'ai fait des longueurs pendant un moment, appréciant l'exercice et la possibilité de me vider la tête. Au bout d'un moment, je suis sorti et me suis séché, puis je me suis assis sur une serviette pour me détendre au soleil. J'ai fermé les yeux et laissé la **chaleur** m'envahir, sentant mes muscles se détendre. Soudain, j'ai entendu une éclaboussure et j'ai ouvert les yeux pour voir ma petite sœur **pagayer dans la** partie peu profonde. J'ai souri et je l'ai regardée pendant un moment, puis je me suis levée et je suis allée vers elle. Nous avons bavardé un peu et pataugé ensemble, appréciant la compagnie de l'autre. Nos parents nous ont bientôt rejoints et nous avons passé le reste de l'après-midi à nager et à jouer ensemble. C'était toujours très agréable de passer du temps avec la famille à la piscine. Il y a **quelque chose** dans le fait d'être dans l'eau qui semble rassembler les gens. Peut-être est-ce parce que nous sommes tous égaux lorsque nous sommes dans l'eau - nous ne pouvons pas cacher nos défauts ou prétendre être ce que nous ne sommes pas. Ou peut-être est-ce simplement parce que c'est amusant ! **Quelle que**

aire. Oigo el sonido de los niños riendo y chapoteando en la piscina. Estaba tumbada en una tumbona junto a la piscina, tomando el sol y **disfrutando** del día. Tenía los ojos cerrados y estaba a punto de dormirme cuando oí que alguien se acercaba a mí. Abrí los ojos y vi a una mujer de pie junto a mí. Llevaba un bikini y una toalla alrededor de la cintura. Tenía el pelo largo y rubio y los ojos azules. Llevaba un bote de **crema solar** en la mano. "¿Te importa si te pongo un poco de crema solar en la espalda?", me preguntó. "No, está bien", dije, sentándome para que pudiera alcanzar mi espalda. Sentí sus manos en mi piel mientras me aplicaba el protector solar.

soit la raison, j'étais simplement heureuse que nous puissions tous nous réunir et profiter de la compagnie des autres dans un endroit aussi spécial.

Le soleil tapait sur ma peau et l'odeur du chlore flottait dans l'air. J'entendais le bruit des enfants qui riaient et barbotaient dans la piscine. J'étais allongée sur une chaise **longue près de la** piscine, profitant du soleil et **de la** journée. J'avais les yeux fermés et j'étais sur le point de m'endormir lorsque j'ai entendu quelqu'un s'approcher de moi. J'ai ouvert les yeux et j'ai vu une femme debout à côté de moi. Elle portait un bikini et avait une serviette enroulée autour de sa taille. Elle avait de longs cheveux blonds et des yeux bleus. Elle tenait une bouteille de **crème solaire** dans sa main. "Ça te dérange si je mets de la crème solaire sur ton dos ?" a-t-elle demandé. "Non, ça va", ai-je répondu, en me redressant pour qu'elle puisse atteindre mon dos. J'ai senti ses mains sur ma peau alors qu'elle appliquait la crème solaire.

Preguntas de comprensión

1. ¿Dónde estaba el narrador cuando comienza la historia?

2. ¿Qué huele el narrador cuando abre los ojos?

3. ¿Qué oye el narrador cuando abre los ojos?

4. ¿De quién es el protector solar que le da la mujer al narrador?

5. ¿Con qué sueña el narrador?

6. ¿Por qué nadar en el mar es tan especial para el narrador?

7.¿Cómo se siente el agua en la que nada el narrador?

8. ¿Qué ve el narrador cuando sale del agua?

9. ¿Qué hace la mujer después de ponerle el protector solar al narrador?

10. ¿De qué hablan el narrador y la mujer al final de la historia?

Questions de compréhension

1. Où se trouvait le narrateur lorsqu'il a commencé l'histoire ?

2. Que sent le narrateur lorsqu'il ouvre les yeux ?

3. Qu'entend le narrateur lorsqu'il ouvre les yeux ?

4. A qui la femme donne-t-elle de la crème solaire au narrateur ?

5. De quoi le narrateur rêve-t-il ?

6. Pourquoi la baignade dans la mer est-elle si spéciale pour le narrateur ?

7. quelle est la sensation de l'eau dans laquelle nage le narrateur ?

8. Que voit le narrateur quand il sort de l'eau ?

9. Que fait la femme après avoir mis la crème solaire sur le narrateur ?

10. De quoi le narrateur et la femme parlent-ils à la fin de l'histoire ?

Cortar el césped

Son las 10 de la mañana de un **sábado** de verano y el sol ya está pegando sin piedad. Te diriges al garaje para coger el cortacésped, con la sensación de estar **condenado** a realizar trabajos forzados. Empiezas a cortar el césped, asegurándote de ir despacio para no perder ningún punto. Mientras cortas, piensas en lo bien que te sientes al aire libre. Cuando empiezas a empujar el cortacésped de un lado a otro del césped, ves a tu vecino de **reojo**. Le saludas con la mano y él te devuelve el saludo.

Después de unos minutos, has terminado y te diriges a la casa de tu vecino para tomar una cerveza con él en el jardín delantero. Es un día **perfecto**: no hace demasiado calor y sopla una suave brisa. Te sientas a la sombra del árbol, bebes tu cerveza y charlas con tu vecino. Son días como éste los que te hacen apreciar el verano. Luego entras a tomar una merecida cerveza. Te tumbas en una silla del porche y abres la lata, dejando escapar un suspiro de satisfacción. El sonido del cortacésped pasa a un segundo plano mientras te relajas a la sombra, disfrutando de la **tranquilidad del** momento. La cerveza sabe muy bien después de todo el trabajo duro en el calor. Estaba a punto de entrar cuando oigo un ruido en la puerta de al lado.

Tonte de la pelouse

Il est 10 heures du matin, un **samedi d'**été, et le soleil tape déjà sans pitié. Vous vous frayez un chemin jusqu'au garage pour aller chercher la tondeuse à gazon, avec l'impression d'être **condamné** aux travaux forcés. Vous commencez à tondre la pelouse, en veillant à aller doucement pour ne pas manquer d'endroits. Pendant que vous tondez, vous pensez à tout le bien que cela fait d'être dehors à l'air frais. Alors que vous commencez à pousser la tondeuse d'avant en arrière sur la pelouse, vous apercevez votre voisin du coin de l'**œil**. Vous lui faites signe et lui dites bonjour, et il vous répond.

Après quelques minutes, vous avez terminé, et vous vous rendez chez votre voisin pour prendre une bière avec lui dans le jardin de devant. C'est une journée **parfaite**, il ne fait pas trop chaud et une légère brise souffle. Vous êtes assis à l'ombre de l'arbre, sirotant votre bière et discutant avec votre voisin. Ce sont des jours comme celui-ci qui vous font apprécier l'été. Puis vous rentrez à l'intérieur pour prendre une bière bien méritée. Vous vous installez sur une chaise sous le porche et ouvrez la canette, en poussant un soupir de satisfaction. Le bruit de la tondeuse s'estompe et vous vous détendez à l'ombre, profitant de la **tranquillité**

Parecía que alguien estaba llorando. Dejé de cortar el césped y me acerqué a la valla que separaba nuestros patios. Me asomé y vi a mi vecina, la señora Johnson, llorando en el columpio de su porche. La llamé, pero no me oyó. Trepé por la valla y me acerqué a ella. "Sra. Johnson, ¿está usted bien?" le pregunté. Me miró con lágrimas en los ojos y negó con la cabeza. "No, no estoy bien", dijo. "Mi gato murió ayer". Me sorprendió. No sabía qué decir. Me quedé de pie, sin saber qué hacer. Finalmente, le puse la mano en **el hombro** y le dije: "Lo siento mucho, señora Johnson. Si hay algo que pueda hacer para ayudar, por favor hágamelo saber". "Ella negó con la cabeza y dijo: "No, **no hay nada** que nadie pueda hacer". Luego se levantó y entró en su casa. Me quedé allí un momento, sin saber qué hacer. Luego volví a cortar el césped. Mientras terminaba, no pude evitar pensar en la señora Johnson y su gato.

du moment. La bière a un goût extra bon après tout ce dur travail dans la chaleur. J'étais sur le point de rentrer quand j'ai entendu un bruit à côté.

On aurait dit que quelqu'un pleurait. J'ai arrêté de tondre et j'ai marché jusqu'à la clôture qui séparait nos jardins. J'ai jeté un coup d'œil par-dessus et j'ai vu ma voisine, Mme Johnson, pleurer sur sa balançoire sous le porche. Je l'ai appelée, mais elle ne m'a pas entendue. J'ai escaladé la clôture et j'ai marché jusqu'à elle. "Mme Johnson, vous allez bien ?" J'ai demandé. Elle a levé les yeux vers moi, les larmes aux yeux, et a secoué la tête. "Non, je ne vais pas bien", a-t-elle dit. "Mon chat est mort hier." J'étais choquée. Je n'ai pas su quoi dire. Je suis restée là, maladroitement, sans savoir quoi faire. Finalement, j'ai posé ma main sur son **épaule** et j'ai dit : "Je suis vraiment désolée, Mme Johnson. Si je peux faire quelque chose pour vous aider, faites-le moi savoir". "Elle a secoué la tête et a dit : "Non, il **n'y a rien que** personne ne puisse faire". Puis elle s'est levée et est entrée dans sa maison. Je suis resté là un moment, ne sachant pas quoi faire. Puis je suis retourné tondre ma pelouse. En terminant, je n'ai pu m'empêcher de penser à Mme Johnson et à son chat.

Preguntas de comprensión

1. ¿Qué hora es?

2. ¿Dónde está la persona que corta el césped?

3. ¿Cómo se siente la persona?

4. ¿Por qué hay que segar despacio?

5. ¿Qué tiempo hace?

6. ¿Qué hace la persona después de segar?

7. ¿Qué oye la persona antes de irse a casa?

8. ¿Quién está con la Sra. Johnson?

9. ¿Por qué llora la Sra. Johnson?

10. ¿Qué le dice la persona a la Sra. Johnson?

Questions de compréhension

1. Quelle heure est-il ?

2. Où se trouve la personne qui tond ?

3. Comment la personne se sent-elle ?

4. Pourquoi la personne doit-elle tondre lentement ?

5. Quel est le temps qu'il fait ?

6. Que fait la personne après avoir fauché ?

7. Qu'entend la personne avant de rentrer chez elle ?

8. Qui est avec Mme Johnson ?

9. Pourquoi Mme Johnson pleure-t-elle ?

10. Que dit la personne à Mme Johnson ?

Cortarse el pelo

Llevaba semanas queriendo cortarme el pelo, pero siempre me las arreglaba para posponerlo. Pero con **la Navidad a** la vuelta de la esquina, sabía que no podía posponerlo más. No quería llegar a la cena de Navidad de mi familia con un aspecto desaliñado. Así que, a primera hora de la mañana de Navidad, me dirigí a la peluquería. Aunque era temprano, la peluquería ya estaba ocupada con otras personas que se **estaban** peinando para las fiestas. Me puse en la cola y esperé mi turno. Finalmente, me tocó el turno de la silla. La estilista, una amable mujer llamada Jill, me preguntó qué quería. "Sólo un recorte, nada demasiado drástico", respondí. Jill se puso a trabajar, recortando mi pelo. Mientras trabajaba, empecé a relajarme. Me sentí bien por fin cuidando de mí misma. Últimamente había estado tan ocupada, corriendo de un lado a otro cuidando de todos los demás, que había dejado de lado mis propias necesidades. Pero **ya** no. A partir de ahora, iba a sacar tiempo para mí.

Cuando Jill terminó, me miré en el espejo y quedé satisfecha con lo que vi. Mi cabello se veía ordenado y pulido, perfecto para las reuniones navideñas. **Le di las gracias a Jill** y tomé nota de que volvería más a menudo. A partir de ahora, lo primero que haré será

Se faire couper les cheveux

Cela faisait des semaines que je voulais me faire couper les cheveux, mais j'arrivais toujours à remettre ça à plus tard. Mais à l'approche de **Noël, je** savais que je ne pouvais plus attendre. Je ne voulais pas me présenter au dîner de Noël de ma famille avec une coiffure débraillée. Alors, tôt le matin de Noël, je me suis rendue au salon. Même s'il était tôt, le salon était déjà occupé par d'autres personnes qui **se faisaient** coiffer pour les fêtes. J'ai pris ma place dans la file d'attente et j'ai attendu mon tour. Enfin, c'était mon tour sur la chaise. La styliste, une femme sympathique nommée Jill, m'a demandé ce que je voulais. "Juste une coupe, rien de trop radical", ai-je répondu. Jill s'est mise au travail, coupant mes cheveux. Pendant qu'elle travaillait, j'ai commencé à me détendre. C'était bon de prendre enfin soin de moi. J'avais été tellement occupé ces derniers temps, à courir partout pour m'occuper de tout le monde, que j'avais laissé mes propres besoins de côté. Mais plus **maintenant**. A partir de maintenant, j'allais prendre du temps pour moi.

Lorsque Jill a terminé, je me suis regardée dans le miroir et j'étais ravie de ce que je voyais. Mes cheveux étaient soignés et polis, parfaits pour les fêtes de fin d'année. J'ai **remercié** Jill et j'ai noté **mentalement** de

cuidarme a mí misma. Se puso a trabajar cortando mi cabello. Pensé en lo agradecida que estaba de haberme cortado el pelo por fin. Me sentí bien al saber que estaría presentable para la **cena de** Navidad. Ya no tendría que preocuparme de que mi familia se burlara de mi aspecto "desaliñado". Después de unos minutos, el estilista terminó de cortarme el pelo y me secó rápidamente. Me miré en el espejo y me sentí feliz con lo que vi: un aspecto limpio que sería perfecto para la cena de Navidad. Ahora que mi corte de pelo había terminado, podía centrarme en disfrutar de las vacaciones con mi familia. Y estaba aún más agradecida por ello.

Me sentí muy **liberada** y me encantó el aspecto de mi nuevo corte de pelo. Después de pagar mi corte de pelo, me fui a casa y empecé a hacer la maleta para mi viaje. Me **moría de** ganas de enseñar mi nuevo look a mi familia y amigos. Sabía que se sorprenderían cuando me vieran. El día de mi vuelo, llegué al aeropuerto con tiempo de sobra. Pasé el control de seguridad sin problemas y pronto me puse en camino. En cuanto llegué a mi destino, pude sentir la emoción en el aire. Definitivamente, ¡la Navidad está en el aire! Mi familia estaba allí para recibirme en el aeropuerto, y todos estaban sorprendidos por mi nuevo corte de pelo.

revenir plus souvent. À partir de maintenant, je prendrai soin de moi d'abord et avant tout. Elle s'est mise au travail en coupant mes cheveux. J'ai pensé à combien j'étais reconnaissante d'avoir enfin pris le temps de me faire couper les cheveux. Je me sentais bien de savoir que j'allais être présentable pour le **repas de** Noël. Je n'aurais plus à m'inquiéter des taquineries de ma famille sur mon apparence "débraillée". Après quelques minutes, le coiffeur a fini de me couper les cheveux et m'a fait un rapide brushing. Je me suis regardé dans le miroir et j'étais heureux de ce que je voyais - un look propre qui serait parfait pour le dîner de Noël. Maintenant que ma coupe de cheveux était terminée, je pouvais me concentrer sur les vacances avec ma famille. Et j'en étais encore plus reconnaissante.

Je me suis sentie tellement **libérée** et j'ai adoré le look de ma nouvelle coupe de cheveux. Après avoir payé ma coupe, je suis rentrée chez moi et j'ai commencé à faire mes bagages pour mon voyage. J'**avais hâte** de montrer mon nouveau look à ma famille et à mes amis. Je savais qu'ils seraient surpris en me voyant. Le jour de mon vol, je suis arrivée à l'aéroport avec beaucoup de temps devant moi. J'ai passé le contrôle de sécurité sans problème et j'ai rapidement pris la route. Dès que je suis arrivé à destination, j'ai senti l'excitation dans l'air. Il y avait vraiment de l'air pour Noël ! Ma famille était là pour m'accueillir à l'aéroport, et ils étaient tous étonnés de ma nouvelle coupe de cheveux.

Preguntas de comprensión

1. ¿Qué tenía que hacer el protagonista antes de Navidad?

2. ¿Cómo se sentía la protagonista al cuidar de sí misma?

3. ¿Quién recortó el pelo del protagonista?

4. ¿Por qué la familia de la protagonista iba a burlarse de ella?

5. ¿Cómo se sintió la protagonista después de cortarse el pelo?

6. ¿Qué hizo la protagonista después de cortarse el pelo?

7. ¿Cuál fue la reacción de la familia de la protagonista ante su corte de pelo?

8. ¿Qué hizo el protagonista en Nochebuena?

9. ¿Qué hizo que la experiencia del protagonista fuera más especial?

10. ¿Qué pasaría si el protagonista no se cortara el pelo?

Questions de compréhension

1. Que devait faire le protagoniste avant Noël ?

2. Que pense la protagoniste du fait de prendre soin d'elle ?

3. Qui a taillé les cheveux du protagoniste ?

4. Pourquoi la famille de la protagoniste allait-elle se moquer d'elle ?

5. Qu'a ressenti la protagoniste après s'être fait couper les cheveux ?

6. Qu'a fait la protagoniste après s'être fait couper les cheveux ?

7. Quelle a été la réaction de la famille de la protagoniste à sa coupe de cheveux ?

8. Qu'a fait le protagoniste la veille de Noël ?

9. Qu'est-ce qui a rendu l'expérience du protagoniste plus spéciale ?

10. Que se passerait-il si le protagoniste ne se faisait pas couper les cheveux ?

El parque

El sol se ponía y el parque estaba vacío. Me senté en el banco, esperando a mi **amiga**. Habíamos quedado aquí hace una hora, pero ella siempre llegaba tarde. Justo cuando estaba a punto de rendirme y volver a casa, la vi correr hacia mí. "Lo siento mucho", jadeó al llegar al banco. "Mi tren se **retrasó**". "Está bien", dije **con perdón**. "Acabo de llegar yo mismo". Nos sentamos y charlamos un rato, poniéndonos al día de la vida de cada uno desde la última vez que nos vimos. La conversación fluye con **facilidad** y parece que no ha pasado nada de tiempo desde la última vez que nos vimos. Al ponerse el sol, nos despedimos y nos fuimos por caminos distintos. La siguiente vez que nos vimos fue en otro parque. De nuevo, llegó tarde, pero no me importó. Era agradable tener a alguien con quien hablar y que me **entendiera**. Hablamos de nuestros sueños y **aspiraciones**, de las cosas que queríamos hacer con nuestras vidas. Ella me contó sus planes de viajar por el mundo, y yo compartí mi sueño de convertirme en escritor. Al ponerse el sol un día más, nos despedimos una vez más, prometiendo que esta vez nos mantendríamos en contacto.

Pasaron los años y nuestra **amistad** siguió siendo fuerte, aunque ahora vivíamos en diferentes partes del

Le parc

Le soleil se couchait, et le parc était vide. Je me suis assise sur un banc, attendant mon **amie**. Nous avions prévu de nous retrouver ici il y a une heure, mais elle était toujours en retard. Au moment où j'allais abandonner et rentrer chez moi, je l'ai vue courir vers moi. "Je suis vraiment désolée", a-t-elle haleté en atteignant le banc. "Mon train a été **retardé**." "C'est bon", ai-je dit **avec indulgence**. "Je viens juste d'arriver." Nous nous sommes assis et avons bavardé pendant un certain temps, prenant des nouvelles de la vie de chacun depuis notre dernière rencontre. La conversation était fluide **et nous avions** l'impression que le temps n'avait pas passé depuis notre dernière rencontre. Au coucher du soleil, nous nous sommes dit au revoir et avons pris des chemins différents. La fois suivante, c'était dans un autre parc. Encore une fois, elle était en retard, mais ça ne m'a pas dérangé. C'était agréable d'avoir quelqu'un à qui parler et qui me **comprenait**. Nous avons parlé de nos rêves et de nos **aspirations**, des choses que nous voulions faire de nos vies. Elle m'a parlé de son projet de voyager dans le monde entier, et j'ai partagé mon rêve de devenir écrivain. Alors que le soleil se couchait sur un autre jour, nous nous sommes dit au revoir une fois de plus, en promettant de rester en contact cette fois-ci.

país. Nos mantuvimos en contacto mediante cartas y llamadas telefónicas ocasionales, compartiendo noticias de nuestras vidas. Cuando anunció que se iba a casar, no me **sorprendió**, ya que siempre había sido una **aventurera**. Pero cuando me pidió que fuera su dama de honor en la ceremonia de su boda, que se celebraba al otro lado del mundo desde donde yo vivía... ¡hubo que convencerla! Al final, no podía dejar que mi mejor amiga se casara sin estar a su lado, así que, a pesar de mis temores (¡y tras muchas súplicas por su parte!), acepté acompañarla en lo que resultó ser la **aventura** de su vida.

Por fin llegó el día de la **boda**. Estaba nerviosa, pero emocionada por formar parte de un momento tan importante en la vida de mi amiga. La ceremonia fue preciosa, y ella parecía feliz mientras decía sus votos. **Después**, lo celebramos con una gran fiesta: ¡parecía que todos sus conocidos habían venido a celebrarlo con ella! Fue un día **mágico** que nunca olvidaré, y nuestra amistad no hizo más que fortalecerse después de aquella aventura. Ahora, años después, seguimos en contacto. Las dos hemos **cambiado** mucho desde que nos conocimos, pero nuestra amistad es tan fuerte como siempre.

Les années ont passé, et notre **amitié** est restée
forte, même si nous vivions désormais dans des
régions différentes du pays. Nous sommes restés en
contact par des lettres et des appels téléphoniques
occasionnels, partageant les nouvelles de nos vies
respectives. Lorsqu'elle a annoncé qu'elle allait se
marier, je n'ai pas été **surpris** - elle avait toujours été
du genre **aventureux**. Mais lorsqu'elle m'a demandé
si j'accepterais d'être sa demoiselle d'honneur à
la cérémonie de son mariage qui se déroulait à
l'autre bout du monde, loin de chez moi... il a fallu
la convaincre ! En fin de compte, je ne pouvais pas
laisser ma meilleure amie se marier sans moi à ses
côtés, alors malgré mes craintes (et après qu'elle m'ait
beaucoup suppliée !), j'ai **accepté de participer à** ce
qui s'est avéré être l'**aventure** de ma vie.

Le jour du **mariage** est enfin arrivé. J'étais nerveux,
mais excité de faire partie d'un moment si important
dans la vie de mon amie. La cérémonie était
magnifique, et elle avait l'air heureuse en prononçant
ses vœux. **Ensuite,** nous avons fait une grande fête
- on aurait dit que tous ses proches étaient venus
célébrer avec elle ! C'était un jour **magique** que
je n'oublierai jamais, et notre amitié n'a fait que se
renforcer après cette aventure. Aujourd'hui, des années
plus tard, nous restons toujours en contact. Nous avons
toutes deux beaucoup **changé** depuis notre première
rencontre, mais notre amitié est plus forte que jamais.

Preguntas de comprensión

1. ¿Dónde se conocieron la autora y su amiga?

2. ¿Por qué el amigo del autor llegó tarde a su reunión?

3. ¿De qué hablaron los amigos cuando se reencontraron años después?

4. ¿Cómo se sintió la autora al asistir a la ceremonia de la boda de su amiga?

5. Describe el escenario de la ceremonia de la boda.

6. ¿Cómo ha cambiado la amistad entre las dos mujeres a lo largo del tiempo?

7. ¿Cuál es el sueño del autor?

8. ¿Dónde piensa viajar el amigo del autor?

9. ¿Por qué la autora dudaba en asistir a la ceremonia de boda de su amiga?

Questions de compréhension

1. Où l'auteur et son ami se sont-ils rencontrés pour la première fois ?

2. Pourquoi l'ami de l'auteur était-il en retard à leur réunion ?

3. De quoi les amis ont-ils parlé lorsqu'ils se sont retrouvés des années plus tard ?

4. Qu'a ressenti l'auteur en assistant à la cérémonie de mariage de son amie ?

5. Décrivez le cadre de la cérémonie de mariage.

6. Comment l'amitié entre les deux femmes a-t-elle évolué au fil du temps ?

7. Quel est le rêve de l'auteur ?

8. Où l'ami de l'auteur prévoit-il de voyager ?

9. Pourquoi l'auteur a-t-elle hésité à assister à la cérémonie de mariage de son amie ?

www.ingramcontent.com/pod-product-compliance
Lightning Source LLC
Chambersburg PA
CBHW052011150726
47999CB00004B/1613